U0033699

# 民國時期南海主權爭議

## —— 海事建設 ——

## （二）

South China Sea Territorial Disputes in Republican China

Marine Construction

- Section II -

許峰源／主編

# 導讀

許峰源
國家發展委員會檔案管理局應用服務組研究員

近年來，南海諸島主權引起眾多國際爭議，各方為解決問題進行研究，累積多元成果，反映南海周邊國家捍衛島嶼主權的論述，也折射南海歷史文化、海洋資源與國際法事務多重樣貌。當前，臺海兩岸共同承繼清末以降至民國時期管理南海諸島的歷史脈絡，直至 1949 年中國情勢變遷，中華人民共和國在北京立國，中華民國撤退臺灣，此後雙方都宣稱以中國之姿擁有南海島嶼。換言之，1949 年以前清政府、北京政府與國民政府維繫南海島嶼主權的努力，已成為今日兩岸承繼南海諸島的重要條件，以及對外捍衛島嶼主權的歷史證據。

長久以降，中國與南海周邊國家爭論島嶼主權，曾經為保衛島嶼領土而動用武力對抗；面對各國掀起主權爭議之際，也依據國際法理論，梳理歷史事證，尋求突破僵局。在捍衛南海諸島主權事例中，以清政府從日本收回東沙島最被津津樂道。1895 年，日本依據《馬關條約》占領臺灣，賡續南向擴張勢力。20 世紀初，日商西澤吉次（Nishizawa Yoshiz, 1872-1933）率領工人、漁民登上東沙島，拆毀華人建物，重新建造房舍，打造新式工廠，建築鐵路，開採磷礦，捕撈魚、蝦、貝類與海產，將東沙島命名西澤島，塑造其最早發現島嶼及日人已在島上活動的意象，以契合國際法先占原則。值此之際，清政府觀察日本人頻繁往來東沙島，派遣兩廣總督張人駿（1846-1927）前往勘查，令其與日本交涉，揭開中日雙方爭執南海島嶼主權的序章。張人駿探究各式資料，把握有利形勢，經雙方外交斡旋奠定收回東沙島的基礎，同時也趁著中日交涉之際，派遣廣東水師前往西沙群島勘查，並以亞洲特有豎立石碑、鳴砲方式，宣示西沙群島主權歸屬中國。[1]

20 世紀上半葉，除前述清政府與日本的東沙島爭論外，另一被留意的議題，是 1930 年代國民政府先後與日本、法國競爭南海島嶼主權。國民政府與日本的爭執在於日商與殖民地臺灣漁民經常穿梭該海域，在東沙島、西沙群島從事捕撈、漁獵活動，開採海洋資源、島嶼磷礦，引發彼此衝突。國民政府立基清政府的努力成果，強調擁有東沙島、西沙群島主權，請日本政府規勸商人、漁民勿任意前往南海諸島及附近海域從事非法作業，甚至命令海軍軍艦赴南海海域威嚇、驅逐日本商人、漁民，但始終無法杜絕日人冒險行為。至1937 年 7 月，蘆溝橋事變爆發，9 月日本以迅雷不及掩耳的速度占領東沙島、西沙群島，隨後進占南沙群島，全面展開環境與物產調查，策劃島嶼產業開發。1939 年，臺灣總督府將東沙、西沙、「新南群島」劃歸高雄州管轄。

1 許峰源，〈東沙島氣象建置與南海主權的維護（1907-1928）〉，收於王文隆等著，《近代中國外交的大歷史與小歷史》（臺北：政大出版社，2016），頁 183-188。許峰源，〈晚清張人駿捍衛南海主權的努力〉，國立中興大學歷史學系主辦，「近代歷史的人事物學術研討會」，臺中：國立中興大學，2017年 11月 17日。

總之，20 世紀上半葉，國民政府面對日本開發南海島嶼資源，引發島嶼主權激烈爭論。中國對日抗戰爆發後，日本占領東沙島、西沙群島，將南沙群島劃入勢力範圍，落實島嶼開發與建設工程，迫使中國暫時無法管控南海諸島。國民政府與日本抗衡南海諸島主權之際，又與法國接二連三斡旋島嶼主權。1932 年，法國出兵占領西沙群島的武德島（即永興島），隔年又占南沙群島 9 小島，國民政府派員蒐查事證，爭議迭起，與法國有多次交鋒。1938 年，國民政府和法國又因日本出兵占領東沙島、西沙群島，陷入南海諸島主權角力戰，猶如紙上談兵。

1945 年 8 月，國民政府對日抗戰勝利，著手收復被日軍侵占的領土，南海島嶼也列為接管的重要事項。中國內部意見未一致，部分認為應先調查島嶼狀況，再據調查報告評估未來開發方向、程度；另有意見以為應該先派船艦前往巡視，部署軍隊駐防。就在此時，法國關切中國在南海的動態，新獨立的菲律賓也圖謀控制鄰近國土的南沙群島部分島嶼。國民政府主席蔣中正（1887-1975）觀察國內外情勢，決定畢其功於一役，在同一時間內完成西沙、南沙群島調查、接管以及國軍進駐作業。1946 年11 月至 12 月間，國防部派遣多艘軍艦，按照「南海諸島疆域圖」運載各界專業人士前往西沙、南沙群島，以此確立戰後中國的南海疆域、島嶼主權，透過島嶼實際勘查，籌劃未來發展方向。[2] 值得注

2 許峰源，〈蔣中正捍衛南海諸島主權的努力（1945-1956）〉，

意的是，就在國民政府海軍進駐西沙、南沙群島，重新勘查與命名島嶼之際，法國堅持擁有部分島嶼主權而提出嚴正抗議，使得中法兩國又陷入爭論的漩渦。

20 世紀下半葉，在兩岸分治、美蘇對峙以及亞洲新興國家等諸多變數下，南海島嶼主權錯綜複雜，當聯合國宣布南海蘊藏豐富石油資源，周邊國家大張旗鼓，不惜動用武力，捍衛所屬主權以爭奪資源，軍事衝突與日俱增。時至今日，南海宛如亞洲火藥庫，戰爭隨時一觸即發，威脅全球和平安全。南海諸島主權錯綜複雜，各聲索國無不汲取有利事證，引據國際法論理，鞏固島嶼主權。當各國強調獨自擁有島嶼主權、權利，多邊交涉宛如平行線，極難凝聚共識。

南海諸島主權爭議，成為各界關注焦點，《外交部檔案》保留許多中外交涉史料，經彙整出版《外交部南海諸島檔案彙編》，俾利參考研究，也充作中華民國領有南海諸島主權的礎石。[3] 除了從歷史典籍與過往對外交涉梳理事證，宣示南海島嶼主權，以及可以從島嶼經營以及國際合作角度觀察。舉如東沙島的開發，早在清政府從日本收回東沙島，即設置「管理東沙島委員會」，調查各項資源，籌劃發展島嶼產業。後來，又成立「西沙群島事務處」，派員勘察並擬定〈西沙島事務處開辦辦法八條〉，準備開發西沙群島資源。除了日本

---

《海洋文化學刊》，第 22 期（2017年 6 月），頁 23-56。

3 外交部研究設計委員會編，《外交部南海諸島檔案彙編》（臺北：外交部研究設計委員會，1995）。

關注東沙島特殊資源「海人草」外，[4] 尚有日不落國之稱的英國也曾聯繫清政府，希望在東沙島架設燈塔，指引往來南海海域船隻正確方位，躲避礁石，減少海難事件。另一方面，英國鑒於殖民地香港鄰近南海，夏、秋兩季常常遭到颱風侵襲，財產損失與人員傷亡慘重，研擬與清政府攜手合作，在東沙島架設無線電臺、氣象臺，蒐整資訊，預報氣象，降低災損。爰此，英國駐華使館多次向清政府外務部聯繫，表示香港政府願意出資設置東沙島氣象臺，透過電報發送觀測數據，讓香港與附近海域作業船隻得以掌握海象的變化。

氣象用途廣泛，舉凡航運與空運事業、國防與軍事工程、農林漁牧產業都仰賴輔助。隨著無線電報普及化，愈來愈容易掌握氣象預報資料。今日，我們可透過氣象預報數據，得知氣候變化，降低航海、航空遇險率。然而，無線電報、氣象觀測都是西方新式科技產物，20 世紀初清政府不熟悉該項專業事務，對英國提議共同開發東沙島無線電報與氣象事業，究竟如何因應？最終，辛亥革命爆發，清政府覆滅，終結中國千年帝制，也讓東沙島海事建設付諸流水。

民國初始，中國軍閥割據，歐洲戰雲密布，各方無暇關注東沙島事務。至第一次世界大戰結束，

---

4 早期臺灣衛生條件不佳，80%以上人口苦於寄生蟲威脅。日本引進對抗寄生蟲方法，讓患者服用煎煮過的海人草湯汁，以收功效。1907年，日商西澤吉次發現東沙島擁有海人草、鳥糞、貝類資源，集結漁民前往開採，引起清政府注意。參見許峰源，〈從海人草的開發考察我國東沙島主權之維護〉，國立臺灣師範大學政治學研究所、內政部、國史館、行政院海岸巡防署主辦，「多元視角下的南海議題學術研討會」，臺北：國史館，2014年9月1日。

北京政府以戰勝國之姿參加巴黎和會（Paris Peace Conference），但未如願解決中日山東爭議而呈現中外緊張形勢。1921 年 11 月至1922 年 2 月，美國召開華盛頓會議（Washington Naval Conference），重申門戶開放政策，緩和中日兩造爭端，亞洲情勢趨於穩定。1923 年 6 月底，英國駐華公使館受香港總商會的請託，聯繫中國稅務處並說明颱風直撲南海而來，香港首當其衝，為防範災難與減少損失，願意捐款協助北京政府在東沙島搭建無線電臺、氣象臺，透過國際氣象合作模式，提早讓香港獲得數據，掌握颱風動態，減少災難損失，以及確保南海周邊船隻作業安全。

建置東沙島無線電臺、氣象臺，攸關中國海洋事務的推展，北京政府令海軍部海道測量局評估。海道測量局強調可建置無線電臺、氣象臺，加強國際海洋氣象合作，但強調若由外國提供資金，日後不免爭議擁有權，容易因外資操控而阻礙領海主權，建議北京政府應獨力從事海洋事務建設，無須與英國、香港合作。北京政府採納不假外資的建言，由海軍部海岸巡防處負責東沙島無線電臺、氣象臺搭建工程。東沙島無線電與氣象臺的搭建，始終面臨經費不足與技術人力短缺的窘境。歷經海岸巡防處多次努力，順利爭取財政部撥付款項，從國外購買適當的機器，聯繫船艦運載機具與工人前往東沙島，得以落實興建工程。

東沙島無線電氣象臺興建過程中，衍生相關問題。例如，自清末以降東沙島、西沙群島為廣東省公署管轄，日本商人經常違法勾結華商，開採島嶼磷礦、海洋資源，因危及島嶼主權而頻起爭議。1925 年底，東沙島無線電臺與氣象臺工程完竣，海岸巡防處以島嶼行政管轄權歸屬廣東省，卻無民眾居住在島嶼，提議東沙島應歸海軍部管理。1926 年，北京政府國務院決議東沙島轉由海軍部管轄，派遣海軍進駐島嶼。不久之後，國務院又令海軍部籌劃建設西沙群島，並以西沙群島與東沙島位居南海區域，在維繫國防安全、節省經費開支的考量下，將二者劃歸海軍部管理。海軍部管理東沙島、西沙群島，開放華商申請經營島嶼產業，嚴格取締日本商人不法行徑，藉此鞏固島嶼主權。尚可留意的是，東沙島無線電氣象臺開始運作後，將氣象資訊就近提供廣東參考，也密切與上海、青島交換氣象資料，厚實中國氣象學研究基礎，同時秉持國際合作的精神，將氣象資訊提供香港與英國船隻參考，提早預防颱風來襲，並與菲律賓氣象臺交換資訊，精確掌握南海海域氣象變化。[5] 總之，北京政府經營南海諸島，除了海洋事務外，尚待更多的討論，方能全盤理解其南海策略。

至 1928 年，國民革命軍完成北伐，國民政府統一中國，啟動國內各項建設。11 月，中國海關總稅務司梅樂和（Sir Frederick William Maze, 1871-1959）聯繫南京財政部，聲明北京政府在東沙島的氣象事業已委由海關辦理。因此，國民政府面對南海諸島的首要問題，在

5 許峰源，〈東沙島氣象建置與南海主權的維護（1907-1928）〉，頁 188-205。許峰源，〈許繼祥捍衛南海主權的努力（1920-1928）〉，收於劉維開主編，《1920年代之中國》（臺北：政大出版社，2018），頁 151-169。

於與海關斡旋東沙島氣象作業。1930年4月至5月間，香港皇家氣象臺長克蘭斯頓（T. F. Claxton）召開遠東氣象會議，各國氣象專業人員聚集香港，經提案、討論而凝聚技術合作的共識。會議中，多國專家不約而同強調東沙島氣象臺是南海重要測候機構，往返海域船隻獲益匪淺，擬請中國設法在西沙島（Paracel）、密克斯勒司費濱島（Macclesfield Bank）增設氣象臺，全面掌握南海氣象瞬息萬變。國民政府為發揚國際氣象合作精神，經衡量國家整體財政狀況，決定在北京政府經營的基礎上先設置西沙島氣象臺，立刻引來法國抗議的軒然大波。[6] 另外，西沙群島蘊藏豐厚的天然鳥糞，可以提煉成磷礦後再加工為化學肥料，施用於農作物的增產。國民政府將西沙群島產業開發委由廣東省辦理，批准中山大學調查、辦理鳥糞開發，後來鑒於成效不彰，轉交華商經營、生產，又引起法國密切關注。中法兩國透過外交斡旋，捍衛彼此島嶼主權而勢如水火。至1937年9月，日本急遽擴展南海諸島勢力，占領東沙島、西沙群島，國民政府、日本、法國三方爭論再起。然而，隨著戰爭情勢演變，中法兩國誠然已無法顧及南海諸島主權。

1945年8月，中國抗戰勝利，翌年底海軍與各方調查人員進駐西沙、南沙群島，鞏固南海島嶼疆域。抗戰爆發前，廣東省掌控東沙島、西沙群島行政管轄權。

6 許峰源，〈中國海洋事務建設與南海主權的維護（1912-1937）〉，收於廖敏淑主編，《近代中國外交的新世代觀點》（臺北：政大出版社，2018），頁97-130。

抗戰期間，日本先後占有東沙島、西沙群島、南沙群島，由臺灣總督府高雄州負責管轄，策劃島嶼開發事務。抗戰勝利後，日本勢力撤出南海，但國民政府對外面臨菲律賓、法國也計劃開拓南海的壓力，對內則有臺灣、廣東兩省循著不同歷史脈絡，競爭南海諸島行政管轄權、南海漁場權利、島嶼產業開發權。儘管海軍與勘察、研究人員前進西沙、南沙群島，奠定中華民國所屬南海諸島疆域範圍，但與菲律賓、法國主權爭執也浮上檯面。國內方面，決定由廣東省掌管南海諸島經營實務，但受到國共戰爭影響卻力有未逮。至中華民國政府撤退臺灣後，面臨環南海國家與中共勢力進逼南海，聲稱擁有南海諸島主權，但已漸漸無法管控島嶼。

整體而言，歷經清政府與民國時期北京政府、國民政府積極建設東沙島、西沙群島，維繫航海安全，開發島嶼資源，確立主權所屬。大抵清政府、北京政府、國民政府在南海活動範圍僅止於東沙島、西沙群島，對中沙群島、南沙群島地理位置、周邊島嶼分布尚未能夠充分掌握。例如，密克勒斯費濱島地處中沙群島，附近多暗礁、位置偏遠，加上海岸巡防處缺乏大型軍艦船隻載運調查人員前往探勘，被迫放棄建置該島氣象臺，決定建設西沙島氣象臺為首要目標。過程中，充滿內外折衝，海軍部、廣東省爭奪西沙島氣象臺管理權，又適逢法國掀起西沙群島主權爭議，以及日本覬覦島嶼資源大動干戈。海軍部堅持建置西沙島氣象臺，捍衛島嶼主權，消弭各國覬覦的野心。惟中國受困國共戰爭，國庫困乏、財政崩壞，推遲西沙島氣象臺建置作業。直至 1936 年財政部才撥付款項，海軍部招商添購設備，逐步落實建設，希望藉此弭平中外島嶼主權爭議，也寓意遵照遠東氣象會議之決議，發揚國際合作的精神。戰後，國民政府重視南海島嶼問題，在最短時間內投注東沙島氣象臺修復工作。

燈塔、無線電與氣象臺是南海島嶼最重要的海洋事務建設。清末以降，中國歷經北京政府、國民政府，賡續關注這三大海事建設，接力完成建置工程，透過無線電報提供氣象資訊，彰顯國際氣象合作的精神，並且以經營海洋實務為證捍衛島嶼主權。臺灣典藏翔實、豐富的歷史檔案，不乏清政府、北京政府、國民政府管理南海諸島實務的珍貴紀錄。例如，中央研究院近代史研究所檔案館所典藏《外務部檔案》，保存清末中日東沙島主權交涉、清末官員驅離東沙島日人、清政府籌設東沙島燈塔專卷，可據以分析清政府捍衛東沙島主權的努力，與籌劃海事建設的歷程。該館典藏的《外交部檔案》，清楚記錄民國時期中日南海漁業爭端、北京政府籌建東沙島無線電氣象臺，與開發西沙群島資源，可據此梳理北京政府管理南海諸島事務，以及捍衛南海主權的實況。國史館典藏的《外交部檔案》，有國民政府時期開發西沙群島各項資源紀錄，可據之考察中國經營島嶼實際狀況，和中法兩造主權爭議。國家發展委員會檔案管理局典藏的《國防部史政編譯局檔案》，保留北京政府海軍部遣離在東沙島活動的日本人、開發東沙島與西沙群島產業計畫，以及國民政府海軍部接管東沙島燈塔與後續管理作業，籌劃開發西沙群島而與日本、法國走向衝突。除此之外，尚有戰後國民政府重整東沙島氣象臺作業實錄。總之，透過這些翔實的檔案資料，可以清楚觀察清政府、北京政府與國民政府經營南海諸島的實際樣貌，以及不同階段面臨的內外挑戰。是以，特別以南海諸島海事建設為主軸，編選《民國時期南海主權爭議：海事建設》，共計二冊，俾利有興趣者參考應用，探索百年來中國經營南海島嶼燈塔、無線電報與氣象作業的成果，從實務面詮釋中國捍衛南海諸島主權的歷史事實。

# 編輯凡例

一、本套書共二冊，依照原件錄入。

二、為便利閱讀，部分罕用字、簡字、通同字，在不影響文意下，改以現行字標示；部分統計數字與發文日期，改以阿拉伯數字呈現。以上情形恕不一一標注。

三、部分表格為配合排版，略有更動樣式。

四、原文內有「左」、「右」之敘述，不予更動。

五、原稿無法判讀之文字，以■標示。

六、部分附圖、附表，原件即無。

# 目　錄

# 一　遣離東沙島之日人（1925）

原案單位：海軍總部

典藏單位：國家發展委員會檔案管理局

## 軍務司電東沙島日人應遣離一事已呈府備案並咨外交部查照

日期：民國 14 年 4 月 13 日（1925 年 4 月 13 日）

吳淞道、許處長鑒：

中密。佳電悉。東沙島日人應遣離一事，已呈府備案並咨外交部查照。茲回奉總長諭，可由甘露執行，特達軍務司。

蒸元

軍務司

## 海道測量局呈報東沙島遣離日人經過手續

日期：民國 14 年 5 月 7 日（1925 年 5 月 7 日）

鈞鑒事，竊奉鈞部蒸電開：「東沙島日人應遣離一事，已呈府備案並咨外部查照，可由甘露艦員執行。」等因；奉此，遵即電令甘露艦長江寶容遵照去後，茲據呈稱：「竊奉本月巧日鈞電開：『遣離日人事奉部令由甘露執行島中砂石、水質及建臺地點各事，並為察勘具報。』等因。奉此，查職艦於本月二十四日開抵東沙當即指派艦員前往調查，據稱：『在該島事漁業者計有日人五十六名、臺人十名。公司設在臺灣高雄港町二一五番地，名曰高雄海產商會，代表者為日人石丸莊助，住日本東京山口縣大島郡沖家室。每年三月來島尋取海仁草及其他海產物運往臺灣基隆等處，至六月始歸，置有長約百餘尺之汽船三艘。於大正七年來島，迄今已歷八載，在島北道近海處建有木屋數幢，以備儲存糧食並為漁人居處之用，屋之南約半里許有方井一口，可供百人之需，水質雖不清潔，蓋已為島中所僅有矣。二十五日復派人前往出示布告，並尋得該代表人石丸莊助者，告以建臺要公，業經察勘地點並測量港道，剋日興工，從事建築。凡有前住是島者，均准限至四月底止一律離島，勿得停留。』等情。已得該代表人同意，允與公司相商後即行離島，為期約在本六月間，窺其語意似無久據之心，惟是日人在彼經營已有年所，根蒂頗深。歷來赴島者人數當不止此，誠恐此去彼來，肅清難望，況以海外孤礁饒於天產，國人素乏過問，欲求他人之不覬覦者，是或事理之所，無以管見窺之。島週多珊石，既不能以軍艦在彼駐防，欲求嗣後日人之不往，自以從速建臺為惟一之要務。一面再由鈞局呈請海軍部，咨外交部行文交涉，禁彼將來不得再來島，是乃根本之辦法也。至於建臺地點，查在新設標桿之北東北向距離約千尺處有平臺一方，縱橫可畝許沙土之質稍堅，旁有水井頗為適宜但非經堅築地基恐難用。」等情。據此，查日人自前清資遣離島之後私集侵占已非一日，亟應在島設防已固疆圉所有遵令遣離日人緣由。理合據情備文，呈請鑒核，實為公便。

謹呈

海軍總長

海道測量局局長許繼祥

## 海軍部咨請轉達日使嗣後無論何國人等非經中國政府允許不得任意前往東沙島

日期：民國 14 年 5 月 21 日（1925 年 5 月 21 日）

海軍部為咨行事。查關於全國海岸巡防處處長許繼祥前呈，東沙島建設電臺有關外交、內政謹陳辦法一案，當經據情咨請貴部查照在案。茲復據該處長呈稱：「竊奉蒸電開：『東沙島應遣離日人一事已呈府備案。』並咨外交部查照，可由甘露艦員執行。」等因。奉此，遵即電令甘露測艦艦長江寶容遵照去後，茲據呈報：『職艦於本月二十四日開抵東沙云云照原呈錄至，禁彼將來不得再行來島。』等情。查該艦長所陳詢為根本辦法。理合據情，仰懇轉咨外交部查照辦理。」等情前來。相應據情咨請查照，務希轉達日使，嗣後無論何國人等非經中國政府允許，不得任意前往該島，以杜侵越而保主權，至紉公誼。

此咨

外交總長

軍務司司長陳恩燾

## 外交部咨復東沙島事已轉達日使抄錄照會請查照

日期：民國 14 年 5 月 27 日（1925 年 5 月 27 日）

外交部為咨復事。東沙島事准第108 號來咨：「請轉達日使嗣後無論何國人等非經中國政府允許，不得任意前往該島以杜侵越而保主權。」等因。查此事上年准貴部第177 號咨，並附抄全國海岸巡防處處長許繼祥原呈到部。查閱該呈始悉東沙島內尚有日人及臺灣人三十餘名在該處捕魚，當以該島自前清宣統年間，日人西澤在彼設廠採取燐質，經粵省地方官與日領交涉給價收回該島，確為中國領土。即與內地一律不能任外國人前往從事漁業，照請日使轉達日政府，飭知臺灣地方官轉令該日本漁人等，速即退出該島，嗣後並嚴禁沿海漁人勿得再行越界捕魚，以免發生糾葛在案。尚未准復咨前因，除再催詢日使外，相應抄錄致日使照會咨復查照。

此咨

海軍總長

附件

外交總長沈瑞麟

## 外交部函東沙島事外交部准日使覆稱已轉知禁止請查照

日期：民國 14 年 6 月 13 日（1925 年 6 月 13 日）

逕啟者：

東沙島事曾於五月二十七日抄錄至日本公使照會咨復在案。頃准日使復稱：「查此事前准上年十月三日來照。

當即轉咨各該官廳准復稱：『業經飭知該營業者禁止在該處捕魚。』茲准來照，又將此意轉知有關係官廳。」等語；相應函達，即希查照，可也。

此致

海軍總長

## 海軍部令東沙島准日使覆稱已轉知禁止令仰知照

日期：民國 14 年 6 月 23 日（1925 年 6 月 23 日）

令海道測量局局長許繼祥

准外交部函開：「東沙島事云云敘至，即希查照。」等因；合行令仰知照。

此令

## 外交部函東沙島事外交部准日使覆稱已轉知禁止請查照

日期：民國 14 年 9 月 23 日（1925 年 9 月 23 日）

敬啟者：

東沙島事曾於六月十三日函達在案。頃准日本公使復照稱：「關於東沙島日本人即臺灣人漁業一事前准來照，曾以業經重行行文該管官署之旨照復在案。茲據該管官署稱：『對於石丸莊助等已查照貴部照會，飭其從今以後勿得再到東沙島，此後更當嚴加取締。』等語，請查照。」等因；相應函達，即希查照轉行海軍艦隊隨時查照，可也。

此致

海軍總長

## 海軍部令關於東沙島事轉行各艦隊隨時查報令海道測量局知照

日期：14 年 10 月 8 日（1925 年 10 月 8 日）

令海道測量局局長許繼祥

案准外交部函開：「東沙島事云云照原函錄至，即希查照轉行海軍艦隊隨時查報，可也。」等因。除令行海軍總司令，轉令各艦隊遵照辦理外，合亟令仰知照。此令。

## 海軍部令准外交部函關於東沙島事希轉行各艦隊隨時查報除令海道測量局知照外，合令行轉飭遵照辦理呈政府文海道測量局各一件併發

日期：民國 14 年 10 月 8 日（1925 年 10 月 8 日）

令海軍總司令楊樹莊

前據海道測量局局長許繼祥呈稱：「東沙島建設電臺有關外交、內政謹陳辦法，請鑒核備案。」等情。當經據情呈請臨時執政鑒核備案，並咨行外交部查照在案。復電令該局長東沙島日人遣離一事，可由艦員執行，旋據該局長呈報：「甘露艦員遣離東沙島日人經過手續。」等情。經即據情咨請外交部轉達日使：「嗣後無論何國人等，非經中國政府允許，不得任意前往該島以杜侵越而保主權。」等因。嗣於本年六月十三日，准外交部復稱：「東沙島事，准日使復稱：『此事業經飭知該營業者禁止在該處捕魚。』等語；應函達查照。」等因。茲復准外交部函開：「東沙島事曾於六月十三日函達在案，云云照原函錄至，即希轉行海軍艦隊隨時查報，可

也。」等因。除令行海道測量局知照外，合亟令行知照轉令遵照辦理，並將本部上呈文，及海道測量局來呈各一件隨令抄發。此令。

附抄件二件

## 全國海岸巡防處代電報明日人東沙島偷攫海產並辦理情形

日期：民國 14 年 12 月 4 日（1925 年 12 月 4 日）

海北京總長鈞鑒：

頃據東沙島觀象臺工程監督許慶文電稱：「現有日人翎地方祥率生島丸船艦札基市二一三號重來東沙攫海產，殊屬違法。查該船東係西村多郎助，住基隆市三沙灣四丁目地，理合電請鈞處電部，向日公使嚴重交涉。至所捕海產應否充公及該船人等應如何處置，乞電示祇遵。」等語；查東沙係巨洋中之荒島，距最近之大陸約百華里，鈞部奉政府明令在此險要區域建設海軍觀象臺，經派海軍艦船駐防既負有守土上之治安即有維持國際公法上之事權，職局恭代鈞部執行建築遠隔一方遇有侵害國家主權之事認為屬於防衛之必要時，自應遵照修正軍艦職員勤務令第十六條辦理。除電令該監督，將該島管轄權警告該日人令其離出該島領水，海產暫為扣留並施行正當手續判決處分，凡屬於防衛自己範圍之事，得便宜處置。仍行詳報外，所有辦理經過情形，伏乞鈞鑒訓示。

繼祥叩

## 海軍部令關於日人東沙島偷攫海產一案應准照辦仍將辦理詳情報部以憑交涉

日期：民國 14 年 12 月 15 日（1925 年 12 月 15 日）

令全國海岸巡防處處長許繼祥

代電一件，關於報明日人東沙島偷攫海產並辦理情形由代電悉。所擬辦法尚妥，應准照辦。仍將辦理詳情報部，以憑與日使交涉。此令。

## 海道測量局呈東沙島日船侵漁案經訊結錄供請鑒核備案

日期：民國 14 年 12 月 17 日（1925 年 12 月 17 日）

呈為東沙島日船侵漁案經訊結錄供，呈請鑒核備案事。竊日人羽地方祥侵入東沙領海偷攫海產一案，按照海軍軍遇區域適用修正軍艦職員勤務命令第十六條辦法判決處分，業於庚日將辦理情形快郵代電，呈請鈞鑒並電令東沙觀象臺工程監督許慶文遵照辦理在案。茲據該監督呈報是案已經遵電判決，除將所獲海產扣留充公外並援引便宜處置條例判令生島丸船長松丸坂太郎及日漁羽地方祥各罰銀二百五十兩繳案，餘人無干省釋錄供申送到局。查此案關係海權，該監督於扣留海產外，科以罰鍰處分不激不隨，尚稱得體。理合具文，並將供詞及判決書抄錄一紙呈請鑒核備案，實為公便。

謹呈

海軍總長

附抄件

海道測量局局長許繼祥

**抄件**

羽地方祥供稱日本宮古島西里三零七番地人，以捕魚為業。於本年十一月三日由基隆帶同漁夫計三十人坐生島丸來東沙專捕海產，以螺殼、海人草為要宗，因天氣寒冷人難落水，故所獲海產無多。所有漁夫皆是窮人，因前次回臺灣遭風，船破後在臺灣造篷樓暫住又被風吹倒，故無處可居，祇得租船捕海產以謀生活，請求發憐憫之心以救難人身命等語。

問：何以必來東沙？

答：東沙有螺殼、海人草。
此放行單極難領到，臺灣海關及水上警察官員均云到東沙後華官准否營業出自華官。

問：爾何以來此未經華官許可即私行偷攫海產？

答：聞華官在香港，我曾向長風艇長商搭該艇赴香港向華官請示，長風艇長由森田傳話准搭長風，惟須納茶水費。

問：何以用船上用長榮丸名，海關放行單及船牌皆用生島丸名字？

答：長榮丸船東極多，因我來此恐生出交涉，特令改名生島丸並註冊以我為船東，有事時以免牽連之。

問：爾知東沙島係中國領土，沿海亦係中國領海？

答：知之。

問：如中國人到臺灣或日本領海捕魚未得日政府許可者，日政府官員逮捕應如何處置？

答：日官應以法律辦理，惟未有此事發生。

問：中國法律爾知之乎？

答：不知。

問：如果不知，本官當即宣佈。又問：羽地方祥有無別事可言否？

答：船上糧食將盡，船長、漁夫均欲立即離島，請照准。

訊得此案外國漁民未經中國官廳許可在中國領海偷攫海產罪有應得，查東沙島係海軍軍事區域，應按照海軍軍艦職員勤務令第十六條辦理將現行犯逮捕，便宜處置，著所獲海產扣留充公，生島丸船長松丸坂及漁民羽地方祥各罰金二百五十，繳案後勒令離島船艦札存案。

此判

中華民國十四年十二月七日

海道測量局工程監督許慶文

# 二　西沙群島海事建設（1930-1935）

原案單位：海軍總部

典藏單位：國家發展委員會檔案管理局

## 海岸巡防處函茲將敝處關於西沙建設觀象臺全案抄錄七份備函寄奉

日期：民國 19 年 2 月 15 日（1930 年 2 月 15 日）

逕啟者：

貴司一月二十七日來函祇悉。茲將敝處關於西沙建設觀象臺全案抄錄七份，備函寄奉即希查收，為荷。

此致

海軍部海政司

海軍部海岸巡防處啟

## 行政院秘書處函奉交粵省府呈據建設廳建議籌設西沙島氣象臺及無線電臺並飭東沙臺與廣東通報一案奉諭交交通海軍兩部請查照

日期：民國 19 年 6 月 2 日（1930 年 6 月 2 日）

敬啟者：

奉院長發下國民政府交辦廣東省政府呈：「據建設廳建議籌設西沙島氣象臺及無線電臺，並請轉飭東沙島氣象臺與廣東通報，懇察核令遵一案，奉諭交交通、海軍兩部。」等因；除分函外，相應抄同原呈函達查照。

右上
海軍部

行政院秘書處謹啟

**抄原呈**

為呈請事，現據建設廳聽長鄧彥華呈稱：「竊為陰晴互受寒燠迭更，故氣壓有大小之差，濕度有疏密之異。颶風暴雨起時，平若不有氣象臺之測驗報告，將何以預保航海安全，減免農業之損失。職廳有見如此，故於物質建設計劃中，業將氣象臺之設置編入建設綱領內。現續四月三十日，香港報載統一遠東氣象會會議情形，有議決承認東沙島觀象臺在中國海實關至要，希於中國海中之西沙島，及覓高士菲濱島（西沙群島中之第一島，在北緯度十六度、東經度一百一十四度至一百一十五度之間）均應建設氣象機關，俟經議決要求中央政府從速籌畫建築，以利航行；並由南京、青島、沙島為代表轉報中國政府特別注意一案。似此情形，我政府為利便航行，計為採納該會議決案及完成建設；計似應及早設置西沙及覓高士菲濱兩島之氣象臺暨無線電臺，以資測驗氣候報告。風雨傳遞消息在航業固可藉以保護其資本及生命之安全，即附近農業亦可減免其損失。至東沙島臺之氣象臺及無線電臺查係由前北京政府劃歸上海海岸巡防處管轄，茲為管理利便，計似應連同將來擬設之西沙島及覓高士菲濱島之氣象臺，及無線電臺一併劃均吾粵政府就近管理指揮，較為利便。所有擬請設置西沙島等氣象臺、無線電臺並規劃歸吾粵政府就近管理，各緣由。理合具文，呈請鈞府察核；並請轉呈國民政府核奪辦理。是否有當，仍候指令祇遵，實為公便。」等情來府。據此，查西沙島氣象臺既經統一遠東氣象會會議議決，「要求我國政府從事籌備建築，以利航行」有案。為利便航行及完成建設計畫，均屬刻不容緩之舉，自應建議國府速籌設西沙島氣象臺及無線電臺；至東沙島係屬廣東轄內之地，該島氣象臺與無線電臺自應常與廣東通報，以資利便。當經提出，職府第五屆委員會第七十九號會議議決，呈請國府特飭東沙島氣象臺與廣東通報，並建議國府速籌設至西沙島氣象臺及無線電臺在案。據呈前情。除令復外，理合將建議呈請速籌設置西沙島氣象臺及無線電臺；並請轉飭東沙島氣象臺與廣東通報緣由，備文呈請察核辦理，指令祇遵，實為公便。

謹呈

國民政府主席蔣

廣東省政府委員會主席陳銘樞

## 海軍部呈擬請轉呈國府飭令財部撥款十八萬元以資建設西沙島無線電觀象臺

日期：民國 19 年 6 月 5 日（1930 年 6 月 5 日）

呈為呈復事。案准鈞院秘書處六月二日函開：「奉院長發下國民政府交辦廣東省政府，呈據建設廳建議籌設西沙島氣象臺及無線電臺，並請轉飭東沙島氣象臺與廣東通報，懇察核令遵一案，奉諭交交通、海軍兩部等因；除分函外，相應抄同原呈，函達查照。」等因。查西沙群島形勢東瞻呂宋、西顧東京、南襟安南、北枕香港，為英、美、法三國屬地航線必經之路。該群島地勢平衍，天陰之後若隱若現，每遇風雲陡變、狂飆驟起，船舶在此沉沒者甚多，較之東沙，同稱險要。前清宣統元年，粵督張人駿、水師提督李準曾派伏波、琛航、廣金軍艦前往該島察勘，並在該島建桅立碑，自後航海各書稱其地為中國領土。民國九年，該島被風，船舶遭難者無數，上海徐匯天文臺特著《西沙史》一書，使航海者咸有戒心並力陳該島應由我國建設海洋觀象臺，以資補救。民國十四年夏間，經前海軍部將建臺及設備各費，需洋十三萬元，提出閣議通過；並令前海岸巡防處察勘建臺地點，旋據復稱：「察勘各島情形與錨位，應以茂林一島（Woody Island）為最適宜。該島在東經一百十二度二十一分、北緯十六度五十分，長闊約一英里。環島之濱盡係白沙，島中群鳥翔集、樹木茂盛，夏可蔽日、冬可禦風，有鋼質碼頭一座，長約七百尺；島之南水深六托，可泊大船，內有新屋數椽，可容員兵、工匠，輕便鐵路三道，可供材料起卸；島之北地，高五十尺，宜造航海燈塔並繪送西沙臺屋及鐵塔兩座草圖，經前海軍部批准照辦有案。嗣因請領建費無著，以致遷延至今成為懸案。茲據廣東省政府呈同前情，似應仍由職部繼續籌備，以符原案。惟現在金價騰貴，所有電機材料多半購自外洋，即人工運輸各費較諸前數年估計之數亦將倍蓰。此際該島建築無線電觀象臺及一切設備等費核實估計，約需洋實八萬元，經已列入本部十九年度預算。擬請飭由財部分期撥發，以資建設而免遲延。至粵省所請東沙島觀象臺應與廣東通報一節，除已遵令飭令海岸巡防處照辦外；所有擬請繼續籌建西沙島無線電觀象臺經過，及撥款十八萬元，以資建設各緣由。是否有當，理合呈復，伏乞察核轉呈國民政府批示，祇遵。

謹呈

行政院

海軍部部長楊〇〇公出

政務次長陳〇〇代

## 交通部咨請酌定日期以便會商西沙島等處設臺通報事宜

日期：民國 19 年 6 月 13 日（1930 年 6 月 13 日）

為咨行事，准行政院秘書處函開：「奉院長發下國民政府交辦廣東省政府，呈據建設廳建議籌設西沙島氣象臺及無線電臺，並請轉飭東沙島氣象臺與廣東通報，懇察核令遵一案，奉諭交交通、海軍兩部等因；除分函外，相應抄同原呈，函達查照。」等因，附抄送原呈一件。准此，事關貴部與本部主管事項，自應會商辦理，以昭妥慎。除函復外，相應咨請查照，酌定日期見示，以便派員趨商一切，至紉公誼。

此咨

海軍部

交通部長王伯群

## 海軍部咨復訂於本月十八日請派員蒞臨討論西沙島建設無線電觀象臺事宜

日期：民國 19 年 6 月 16 日（1930 年 6 月 16 日）

為咨復事，准貴部第四八一號咨開：「准行政院秘書處函開：『奉院長發下國民政府交辦廣東省政府，呈據建設廳建議籌設西沙島氣象臺及無線電臺，並請轉飭東沙島氣象臺與廣東通報，懇察核令遵一案，奉諭交交通、海軍兩部等因。』除分函外，相應抄同原呈一件，准此。事關貴部與本部主管事項，自應會商辦理，以昭妥慎。除函復外，相應咨請查照，酌定日期見示，以便派員趨商一切。」等因。查此案業經敝部於本月五日查案呈復行政院。准咨前因。茲訂於本月十八日，即星期三下午三時，在敝部討論，屆時務請派員蒞臨商洽，為荷。

此咨

交通部

海軍部長楊〇〇公出

代理部務次長陳〇〇公出

總務司司長李〇〇代拆代行

## 行政院令據呈請撥款建設西沙群島無線電觀象臺應俟該部與交通部會呈到院再行合辦指令知照由

日期：民國 19 年 6 月 17 日（1930 年 6 月 17 日）

令海軍部

呈請轉呈國府飭令財政部撥款建設西沙群島無線電觀象

臺由，呈悉。查此案現據交通部呈稱：「籌建西沙群島氣象臺及吾現電臺事，屬海軍、交通兩部主管，已咨請海軍部酌定日期會商，俟有結果再行會呈。」等情前來；應俟會呈到院再行核辦，仰即知照。此令。

## 交通部咨關於廣東建設廳建議籌設西沙島氣象臺及無線電臺一案茲派本部科長顧光賓前赴貴部會同討論咨復查照

日期：民國 19 年 6 月 17 日（1930 年 6 月 17 日）

為咨復事，准咨略開：「關於廣東建設廳建議籌設西沙島氣象臺及無線電臺一案，現訂於本月十八日下午三時，在敝部討論，屆時務請派員蒞臨洽商。」等因准此。茲派本部科長顧光賓屆時前赴貴部會同討論。除令飭該員遵照外，相應咨復查照。

此咨

海軍部

交通部長王伯群

## 海軍部函送會呈行政院稿二件如蒙贊同簽署送還以便繕正印發由

日期：民國 19 年 6 月 20 日（1930 年 6 月 20 日）

逕啟者：

關於粵省政府建議籌設西沙島無線電觀象臺一案，承貴部派員會同討論議決，「事屬海上觀象要政，應即照辦會呈行政院核轉，並由敝部主稿。」茲已擬就送請貴部酌核，如荷贊同，敬希查照簽署送還，以便繕正印發至敝部。前呈行政院原文茲特另抄隨函送請查照備案，為荷。

此致

交通部

附會稿二件並敝部前呈行政院抄文一件

## 交通部咨簽還會呈文稿請即飭繕以便會印封發

日期：民國 19 年 6 月 25 日（1930 年 6 月 25 日）

為咨復事，准貴部第三三四號函開：「關於粵省政府建議籌設西沙島無線電觀象臺一案，承貴部派員會同討論議決，事屬海上觀象要政，應即照辦會呈行政院核轉，並由敝部主稿。茲已擬就送請貴部酌核，如荷贊同，敬希查照簽署送還，以便繕正印發。」等因，並附會呈稿二件及前呈院抄文一件，准此。查貴部所擬會呈文稿，敝部極表贊同，茲經一一簽署。相應檢同原稿，送請查收飭繕，以便會印封發，至紉公誼。

此咨

海軍部

附送會呈稿兩件

交通部長王伯群

## 海軍部函關於會同擬具籌建西沙島無線電觀象臺呈復行政院一案茲已繕就

日期：民國 19 年 6 月 26 日（1930 年 6 月 26 日）

逕啟者：

關於會同擬具籌建西沙島無線電觀象臺呈復行政院一

案，所有會稿業經大部簽署送還，茲已繕就。相應將正稿一件、會稿二件送請貴部蓋印，並以會稿一件留存貴部備案。所餘正會稿二件仍希發還，以便呈送，為荷。
此致
交通部
附正稿一件、會稿二件

## 交通部函送還呈院正會稿各一件希查照分別存送

日期：民國 19 年 7 月 3 日（1930 年 7 月 3 日）
逕復者：
准貴部第三五零號函：「送關於籌建西沙島觀象臺一案，會呈行政院正稿一件暨會稿二件，請予會印。」等由。茲經分別蓋印，並將會稿抽出一份，存部備案；相應檢同所餘正、會稿各一份送請查照分別存送，至紉公誼。
此致
海軍部
附正稿一件、會稿一件

## 交通部海軍部呈明遵令會議粵省政府呈請籌建西沙島無線電觀象臺意見請鑒核轉呈撥款

日期：民國 19 年 7 月 4 日（1930 年 7 月 4 日）
呈為遵令會同呈復事。竊於六月十八日，職海軍部奉鈞院一九零四號指令內開：「撥款建築西沙島無線電觀象臺一案，應俟與交通部會呈到院再行核辦。」等因。職海軍部於民國十四年夏間，將建臺及設備需款辦法，並建臺地點確定有案。茲既據粵政府建議籌設，呈奉國民政府交令職部等會商，自應及時進行。擬請鈞院仍照職海軍部前呈所請，轉呈政府飭下財政部迅將應需建築該群島等費十八萬元准予按期撥發，以資建設，一俟款項領到，職海軍部自當著手建築。其電務技術事宜，由職交通部會洽辦理，以副政府眷念，領海公安之至意。所有遵令，會同籌擬建築西沙島無線電觀象臺辦法，各緣由。理合會同呈明，伏乞鑒核轉呈飭遵實為德便。再，此呈係職海軍部主稿，會同職交通部辦理，合併聲明。

謹呈

行政院

交通部長王〇〇

海軍部部長楊〇〇公出

代理部務次長陳〇〇公出

總務司司長李〇〇代拆代行

## 行政院令據呈為會同交通部議復粵省政府呈請籌建西沙島無線電觀象臺一案已分別轉呈分飭指令知照由

日期：民國 19 年 7 月 11 日（1930 年 7 月 11 日）

呈為會同交通部議復粵省政府，呈請籌建西沙島無線電觀象臺一案，乞轉呈核飭撥款由，呈悉。此案經提出本院第七十七次會議，決議照兩部所呈轉呈分飭，已轉呈國民政府並分令財政部及廣東省政府遵照矣。仰即知照，並轉咨交通部知照。此令。

## 海軍部咨會呈籌設西沙觀象臺案現奉行政院指令已轉呈國府並分令財部及粵省府遵照並轉咨貴部請查照由

日期：民國 19 年 7 月 14 日（1930 年 7 月 14 日）

為咨行事，本月四日貴部與敝部會同呈復行政院，關於粵省政府呈請籌建西沙島無線電觀象臺，乞轉呈核飭撥款一案，現奉行政院第二一二八號指令內開：「呈悉。此案經提出本院第七十七次會議，決議照兩部所呈轉呈分飭，已轉呈國民政府並分令財政部及廣東省政府遵照矣。仰即知照，並轉咨交通部知照。此令。」等因；奉此，相應咨請貴部查照，為荷。

此咨

交通部

海軍部長楊〇〇公出

政務次長陳〇〇代

## 行政院令前據該部會同交通部議復廣東省政府籌建西沙島無線電及觀象臺一案經呈奉國府指令已悉轉行知照由

日期：民國 19 年 7 月 16 日（1930 年 7 月 16 日）

為令知事，案查前據該部會同交通部議復廣東省政府，籌建西沙島無線電及觀象臺一案到院，經提出本院第七十七次會議，決議照兩部所呈轉呈分飭，當即分別呈令並指令知照在案。茲奉國民政府第一三一四號指令內開：「呈悉。此令。」等因；奉此，除令知交通部外，合行令仰該部知照。此令。

## 海軍部令建設西沙島無線電觀象臺案經呈准國府飭財部撥款仰查照前案籌備進行由

日期：民國 19 年 7 月 18 日（1930 年 7 月 18 日）

令海岸巡防處處長吳振南

為令遵事，查籌辦西沙島無線電觀象臺計劃並設備需款辦法，及確定建臺地點，民國十四年間經由該處呈奉前海鈞部核准有案。茲復據粵省政府呈請建設，呈奉國府交令本部及交通部辦理，經會商呈請行政院轉呈國府飭下財政部，迅將應需建築該島等費十八萬按期撥發，以資建設。其電務技術事宜，會洽交通部辦理，均經呈奉核准在案。除抄錄全案隨令給閱外，合行令仰該處查照；前案剋日籌備進行，隨時具報，一俟款項領到，即由該處著手建築毋延。切切。

此令

附抄全案計十三件

部長楊〇〇公出

政務次長陳〇〇代

## 海岸巡防處呈為呈請請建密克勒司費濱島無線電觀象臺祈鑒核由

日期：民國 19 年 7 月 19 日（1930 年 7 月 19 日）

呈為呈請建密克勒司費濱島（Macelesfield Bank）無線電觀象臺，仰祈鑒核事。竊據職處代理航警課課長沈有璂稱：「此次代表東沙島觀象臺前往香港參加遠東氣象會議時，馬尼拉天文臺曾向該會提議承認中國政府創設之東沙島觀象臺，實為中國海最重要之氣象機關，而航行中國之船隻亦獲益實多。惟希望於西沙群島及密克勒司費濱島亦繼續建設觀象臺，以期增進航海安全，當經該會議決由東沙島觀象臺代表呈請中國政府從事建設。查西沙群島建設觀象臺一案，已由政府批交海、交兩部辦理；至密克勒司費濱島約居東經一百一十四度、北緯一十五度、一十六度之間，與東、西沙兩島成鼎足之勢，東瞻呂宋、西顧東京、南襟安南、北枕香港，為英、美、法三國屬地航線必經之路。該島地勢平坦，天陰之候若隱若無，為每年颶風侵入中國南海後常經之要道，較東、西兩島尤為險要；南海南部自呂宋以至安南海岸其間，海平面之距離達六百餘海浬，故各氣象臺若不得該島氣象報告，則颶風進行之方向、速率僅能由推測而來，此實為南海南部繪圖預報上之困難，亦航行界安全上之憾事。茲既經該會議決：『要求中國政府建設。』似宜於籌備建設西沙群島之際，同時派員前往密克勒司費濱島察勘情形；賡續籌備建設則不獨航行界可以增進安全，且於國際地位亦有莫大關係。」等情。查該員所稱各節，確為必要之圖。理合據情呈請鑒核，伏乞鈞部賜予提案，並准派員履勘以便與西沙群島同時籌備建設，實為公便。

謹呈

海軍部部長、次長

海軍部海岸巡防處處長吳振南

## 海軍部令仰派員履勘密克勒司費濱島（即南沙島）並將建設款項核實具報以憑轉呈

日期：民國 19 年 7 月 24 日（1930 年 7 月 24 日）

令海岸巡防處處長吳振南

呈一件，為請建密克勒司費濱島（Macelesfield Bank）無線電觀象臺，乞賜予提案並准派員履勘由，呈悉。該島建臺既經在國際席上允予執行，應由該處迅即派員履勘計畫，建設所需款項並著實具報，以憑轉呈辦理，仰即遵照。

此令

部長楊○○

## 海軍部呈報香港氣象會議議決各案並籌建西南沙兩島觀象臺乞轉呈國府備案

日期：民國 19 年 7 月 24 日（1930 年 7 月 24 日）

呈為呈報香港氣象會議議決各案，並籌建西、南沙兩島觀象臺（南沙島海圖稱Macelesfield Bank，查該島位於東、西沙兩島之南，以後擬稱為南沙島），仰祈鑒核並乞轉呈國民政府備案事。竊查本年四月間香港舉行遠東氣象會議，經海岸巡防處請派該處課長沈有基代表東沙觀象臺前往參加，茲據該處呈轉該員報告稱：「此次會期係由四月二十八日起至五月三日止。計到南京氣象研究所代表、青島觀象臺代表、上海徐家匯天文臺、小呂宋天文臺、海防天文臺、香港天文臺各臺長及香港英國海軍航空各代表共十餘人，由香港總督致歡迎開會詞，公推香港天文臺長為大會主席。計議決各案：（一）香港天文臺提議劃一遠東本地暴風信號案，議決：『遠東本地暴風信號應採用香港天文臺所定之本地暴風信號加以修改』；（二）香港天文臺提議劃一遠東暴風信號案，議決：『遠東暴風信號應採用上海徐家匯天文臺所定之遠東暴風信號加以修改』；（三）香港天文臺提議更改遠東氣象電報常用之六字簡碼案，議決：『規定遠東氣象電報常用簡碼刊行之』；（四）香港天文臺提議氣象觀測對於能見度之用制案，議決：『採用一九二九年丹麥氣象會議之萬國氣象電碼中，能見度之用制』；（五）香港天文臺提議遠東氣象臺氣象電碼之採用案，議決：『用一九二九年丹麥氣象會議之氣象電碼中，自第一字至第五字為必需之要素』；（六）香港天文臺提議規定遠東氣象機間之觀測時間案，議決：『應採用中國海岸時間（東經一百十二度），以上午六時及下午二時為標準，並由本會要求日本各氣象機關亦當照辦』；（七）香港天文臺提議，航行遠東船隻之氣象觀測時間案，議決：『航行遠東船隻每日上午六時及下午二時為必需供給各氣象臺之氣象觀測時間，而上午十一時及下五時之觀測則可隨便行之』；（八）香港天文臺提議規定航行遠東船隻供給各氣象臺觀測報告之簡碼及格式案，議決：『發行航海通告』；（九）小呂宋天文臺提議本會，承認中國政府之創設東沙島觀象臺實為中國海之最重要氣象機關，而航行中國海船隻亦獲益實多，並希望於西沙島 Paracel 及 Macelesfield（即改稱為南沙島）及南沙島亦當創設，以期增進航海之安全案，議決：『由東沙島觀象臺臺長呈請中國政府從事創設該兩島之氣象機關』；（十）小呂宋天文臺提議由本會要求東沙島觀象臺，按日隨時供給遠東船隻以遠東各地之氣象報告案，議決：『由本會商請東沙島觀象臺，對於此事予以助益，以求增進航海之安全』；（十一）小呂宋天文臺提議由遠東各氣象臺每年集刊各附近遠東航行船隻之氣象報告，以供測繪全國氣象圖之用案，議決：『由遠東各氣象臺按年輪流彙集，刊發各船隻之氣象報告，既可省費且免複刊』；（十二）東沙島觀象臺提議遠東各天文臺應增用短波無線電通報，以期增進預報之完滿案，議決：『通過』；（十三）東沙島觀象臺提議，由本會要求日本之波羅島觀象臺應增加廣播下午二時之氣象觀測案，議決：『應由本會函請日本照辦』；（十四）香港英國海軍代表提議對於氣象廣播中，遠東氣象機關之地名應以數字代表之，議決：『由本會函向萬國氣象會議辦事處，查詢規定之數目字後再定之』；（十五）香港天文臺提議實行本次會議所定之各種暴風信號及電碼格式等之時期案，議決：『限至一九三一年三月一日實行之，並附表四件』。」等情前來。當經職部飭令該處，即將此項議決案及各表譯漢付印附加解釋，呈部核發軍艦、商船等處，其各船氣象觀測及傳達觀象臺手續亦令由該處負責指導；至建設西沙島觀象臺一案，業經呈奉鈞院核准，並由職部合行海岸巡防處剋日籌備進行在案。而建設南沙島（Macelesfield Bank）觀象臺，茲又續據海岸巡防處呈稱：「該島約居東經一一四度、北緯十五度、十六度之間，與東、西沙兩島成鼎足之勢，亦每年颶風侵入中國南海後常經之要道，較東、西沙兩島尤為稱險。而南海南部自呂宋以至安南海岸其間，海平面之距離達六百餘海浬，故各氣象臺若不得該島氣象報告，則颶風進行之風向、速率僅能由推測而來。此實為南海南部繪圖預報上之困難，亦航行界安全上之憾事，茲既經該會議決：『要求中國政府建設。』似宜於籌備建設西沙群島之際，同時派員前往密克勒司費濱島察勘情形。賡續籌備建設則不獨航行界可以增進安全，且於國際地位亦有莫大關係，伏乞賜予提案，並准派員履。」等情；據此，除指令該處該島建臺既經在國際席上允予執行，應迅即派員履勘並計畫建設所需款項核實具報，以憑轉呈鈞院核奪外，查此次香港氣象會議所有議決各案，係公同促進航海保安以期一致起見，應為切實履行。至所議由我建設西、南沙兩島觀象臺，於我國際地位亦能增進，自應依議著手辦理，以昭信守。事關國際會議議決執行及建設案件，理合將所有經過情形據實呈報，伏乞鑒核轉呈國民政府備案，實為公便。

謹呈

行政院

海軍部部長楊○○

## 海政司函建造南沙島無線電觀象臺一事請貴處具摺兩份詳細說明並將該三島合繪一圖

日期：民國 19 年 7 月 29 日（1930 年 7 月 29 日）

逕啟者：

建造南沙島（即Macelesfield Bank，本部呈院改稱南沙島）無線電觀象臺一事，經據情呈請行政院備案，並經本日院務會議通過在案。所有東沙、西沙、南沙三島情形，應請貴處具摺兩份詳細說明並將該三島合繪一圖，限本星期內寄部以憑轉呈行政院。查東沙、西沙兩島前經疊次報告可以摘錄；其南沙一島情形，見諸《中國航海書》（*China Seas Pilot* Vol. II），亦可譯述調查。相應函請貴處迅即查照辦理，為荷。

此致

海岸巡防處

海政司啟

七、二九

## 行政院令據呈報香港氣象會議議決各案並籌建西南沙兩島觀象臺案經院議議決轉呈備案指令知照由

日期：民國 19 年 7 月 31 日（1930 年 7 月 31 日）

令海軍部

呈報香港氣象會議議決各案，並籌建西、南沙兩島觀象臺，乞轉呈備案由，呈悉。此案經提出本院第八十次會議決議，轉呈政府備案，已錄案轉呈矣，仰即知照。此令。

## 交通部咨據電報機器第二廠廠長王振祥呈述關於西沙島設臺意見及計畫說明書請併案辦理

日期：民國 19 年 8 月 1 日（1930 年 8 月 1 日）

為咨請事，案查西沙島籌設氣象電臺一案，前經會呈行政院轉呈國府，飭下財部將建築經費十八萬元按期撥發，以便著手籌建在案。茲據兼代電報機器第二製造廠廠長王振祥呈稱；「竊閱報載西沙群島行將設立無線電觀象臺，以利航行而張國權；業奉國府行政院核准，交大部及海軍部會商籌設等由。伏查該島位在東沙島西南，地近赤道、氣候酷熱、空氣潮濕、颶風時發且四周沙礁滿佈，運輸維艱，因之關於無線電臺設備與通乾燥大陸迴然不同。所有機件、配製裝箱等等若不特加注意，難免弊病叢生，於建設前途攸關非淺溯。海岸巡防處建造東沙島電臺初未注意及此，困難遂生，雖經承造該臺之德律風根公司派員前往實地試驗結果，終欠完善。當時振祥供職該處，其前後經過種種困難，確尚深知，而職廠鄒、施二工程司曾赴島工作，身歷其境，情形尤為熟悉。現西沙島處境相若，似宜未雨綢繆，免蹈覆轍。其所需無線電機，職廠可本該島情形妥為設計。一面務使可能弊病盡量免除，一面再力求應需料件，經濟耐用，庶不致浪費公帑，而國家得一勞永逸之建設。除另具詳細計畫一紙附呈鈞察外，用將管見所及臚列上陳。是否有當，伏乞鑒核示遵。」等情；附呈設臺計畫及說明書一份到部。查該員等曾在貴部上海海岸巡防處服務，並在東沙島電臺工作有年，對於東沙群島風土、氣候一切情形均極熟悉。呈中所稱各節，自係實情，其所擬設臺計畫及說明書亦確有見地，堪資採納；且該廠係本部所設專門配製無線電機，成績極佳，本部近年設臺所用機器均係該廠出品。所請代西沙島電臺設計配製機器一節，尚屬可行。除指令准予轉咨查核辦理外，相應抄錄該項計畫及說明書，咨請貴部查核，併案辦理；將來此項經費撥下後，即請咨達本部，以便令飭該廠妥為設計配製，俾資利用，至紉公誼；併希查照，為荷。

此咨

海軍部

附西沙島設臺計畫及說明書一件

交通部長王伯群

**西沙島無線電機計劃說明書**

一、通信範圍

西沙島無線電之用途可分為三種，一為廣播該處氣象與航行附近之船舶及在遠東各著要觀象臺，如馬尼剌、東沙島、上海、青島、東京等；一為與附近船舶交換氣象報告；一為與吳淞海岸巡防處、東沙島及廣州等處互通公務電報。綜現以上諸項，其通詢範圍近自數十里，遠至數千里止，欲適合此特殊情形，收發報機必備有長、短兩種電波，且其電力亦需略為強大。

二、機器設備

依據上述用途，發報機應分長短波兩副，其電力最小限度，長波須有一千華特，短撥五百華特，並宜採用低壓發報燈，蓋電壓過高則處地潮濕易生障礙（按東沙島所用發報燈應用一萬伏脫分，擬用兩千伏脫者）。長波程式分繼幅式及減幅式，前者用為廣播氣象，後者用與船舶通信，其波長應有六百、八百及七百餘公尺三種，以符萬國公約。短波採用主振盪器，以期音符穩固波長，應有二十餘及四十餘公尺等數種，俾可適會實季；收報機採用最新式之四極真空管，俾收信靈敏致力；高強原動機擬採用石濁發動機，以節經常費；主要電池須容量充裕，方可持久；高壓電力由高週波交流電變高而整直之，蓋倘用高壓直流發電，職則常因氣候潮濕而致損壞也。

三、應用材料

選擇材料其最要原素為堅固耐久，而因運輸不便，更不宜時常變換。各機隔電力須高強，以該處氣候酷熱而潮濕，設非為此，障礙俾多；其重量貴輕、體積宜小俾便運輸。總之，該機構造迥異尋常，而應用材料之不得不妥為選擇也。

四、天線裝置

長波天線架設需用高桿，惟因該處風勢劇烈，不宜過高，似用一百五十尺高之鐵塔兩座巳可；但所有底座拉線、天線及絕緣物等均須格外堅固，以免損壞而臻永久。

五、備件

各項消耗物件均宜置有充分備件，即略有損壞疑慮者亦應置備，蓋交通困難，設有損壞以致不能通信，則非惟停止工作，抑且將該島嶼外界完全隔絕矣。

六、估價

上述全副機器配件連同鐵塔，均需國幣參萬餘元。至詳細估價，應俟大部訓示後再行呈核。

## 海軍部咨准咨第二廠長王振祥關於西沙設臺所擬計劃及說明書勘資採納俟經費撥下後即咨令飭該廠長來部商洽希查照轉知

日期：民國 19 年 8 月 4 日（1930 年 8 月 4 日）

為咨復事，貴部八月一日咨送電報機器第二廠廠長王振祥呈述：「關於西沙島設臺應用無線電計劃，及說明書請察核併案辦理。」等因。查該廠長前在海岸巡防處任事，熟悉該兩島情形，對於無線電具有專門學識，此次所擬計劃及說明書確有見地，堪資採納。除訓令海岸巡防處查照併案辦理外，一俟此項經費領到當即咨請貴部飭令該廠長商洽，以策進行。准茲前因。相應咨復即祈查照轉知，為荷。

此咨

交通部

海軍部長楊○○

## 海軍部令抄錄交通部咨轉電報第二廠長王振祥關於西沙設臺應用無線電機計劃及説明書仰併案辦理

日期：民國 19 年 8 月 4 日（1930 年 8 月 4 日）

令海岸巡防處處長吳振南

為令遵事，查建築西沙島無線電觀象臺一案，經於上月十八日抄錄全案令行該處剋日籌備進行，隨時據報在案。茲准交通部咨送電報機器第二廠廠長王振祥呈述：「關於西沙島設臺應用無線電計劃及說明書。」經本部復核確有見地，堪資採約。除咨復交通部一俟此項經費領到，即當咨請令飭該廠長來部商洽，以策進行外，合行抄錄原咨，並咨計劃說明書令仰該處處長查照併案辦理。此令。

附抄錄原咨及計劃說明書二件

部長楊〇〇

## 行政院令據呈報香港氣象會議開會情形及籌建西南沙兩島氣象臺一案經呈奉指令業經國務會議議決准予備案轉行

日期：民國 19 年 8 月 12 日（1930 年 8 月 12 日）

令海軍部

為令知事，案查前據該部呈報香港氣象會議開會情形，及籌建西、南沙島觀象臺一案到院，當經提出本院第八十次會議決議轉呈政府備案，當即轉呈在案。茲奉國民政府指令內開：「呈悉。業經提出本府第八十八次國務會議決議准予備案在案；仰即轉飭知照。此令。」等因；奉此，合行令仰該部知照。此令。

## 海軍部令以呈報香港氣象會議並西南沙兩島建臺兩案經呈奉政府准予備案仰知照由

日期：民國 19 年 8 月 15 日（1930 年 8 月 15 日）

令海岸巡防處處長吳振南

為令知事，查前據該處呈報香港氣象會議議決各案，並請同時籌建西、南沙島觀象臺兩案先後到部。當經本部併案據情，呈請行政院轉呈國民政府備案在案。茲奉行政院訓令內開：「為令知事，案查前據該部呈報香港氣象會議開會情形，及籌建西、南沙島觀象臺一案到院，當經提出本院第八十次會議議決：『轉呈政府備案。』當即轉呈在案。茲奉國民政府指令內開：『呈悉。業經提出本府第八十八次國務會議決議准予備案在案；仰即轉飭知照。此令。』等因；奉此，合行令仰該部知照。此令。」等因。奉此，合行令仰該部知照。此令。

部長楊〇〇

## 海政司函關於籌建南沙島無線電觀象臺一案業經呈奉國民政府核准備在案

日期：民國 19 年 9 月 1 日（1930 年 9 月 1 日）

逕啟者：

關於籌建南沙島無線電觀象臺一案，業經呈奉國民政府核准備在案。相應抄錄原案，隨函送請貴處查照，為荷。

此致

經理處

海政司啟

九、一

## 海軍部令將籌設南沙島觀象臺計畫迅即辦理呈核

日期：民國 19 年 12 月 9 日（1930 年 12 月 9 日）

令海岸巡防處處長吳振南

為令行事，查籌設南沙島觀象臺一案，業經本部五一二二號訓令飭由該處派員履勘，並將計畫建設所需款項核實據報在案。迄今日久尚未據報，究竟因何稍延；事關海政要圖，亟待籌畫進行，仰仍遵照前令，迅即辦理具報勿延。

此令

部長楊○○

## 海軍部令將建設西沙島籌備進行辦法限期呈報

日期：民國 19 年 12 月 9 日（1930 年 12 月 9 日）

令全國海岸巡防處處長吳振南

為令行事，查建設西沙島無線電觀象臺一案前經奉國府核准，飭下財政部分期發建築費十八萬，以資建設。茲經抄錄全案令仰剋日籌備進行，隨時具報在案。迄今日久，何以未呈復到部，限奉行政院訊令，自二十年一月份起應依限造送三個月。行政計劃預島建設，業已列入二十年度春季，三個月內實行，著手施工興築。此案未便再事遷延，合行令仰該處迅將建築該臺圖案繪就、核實估價，並籌備一切剋日具報，以憑核奪。此令。

部長楊〇〇

## 海岸巡防處呈復籌備建築西沙島無線電觀象臺情形祈核示由

日期：民國 19 年 12 月 23 日（1930 年 12 月 23 日）

呈為呈復籌備建築西沙島無線電觀象臺，仰祈鑒核事。竊奉鈞部第五七零號訓令：「飭將建築西沙島無線電觀象臺圖案迅速繪就，並核實估價、籌備一切，剋日具報。」等因；奉此，查建築西沙臺工程，計分房屋、鐵塔、機器三項，此三項材料均易估計，惟對於運輸及建築工程各項非經實地調查無從核估，故前次購運東沙臺糧料時，曾懇請鈞部派艦並擬延請工程師隨往西、南沙查勘一切。旋因一時無艦可派，東沙糧料仍由關船運往，因而延未估計，現奉訓令前因，在未經察勘西沙島以前，惟有按照東沙島建築工程，將房屋、鐵塔、機器三項材料先行託由建築工程師及交通部電信機械製造呈分別匯具圖案、估計料價，一俟繪就立即彙呈鈞部察核。計此三項材料價目，約在六萬元之譜，以在滬交貨為度；至於運輸一層，經詢具上海天和洋行經理西人，據稱曾在西沙島經營，該處係屬群島、暗礁林立、風浪極大，非二千噸以上船隻不能前往，交通運輸之困難較東沙尤甚。又疊詢上海各建築公司，對於西沙工作皆一律拒絕，不敢承包，即使將來僱工前往、按工計算，各公司鑒於昔年東沙工人之死亡亦均引以為戒；縱令貪利前往，尚須種種要挾，職斯之故，所有運輸及建築工價各項一時無從估計。聞應瑞、海籌等艦現正奉令巡弋粵洋，查西沙島相近瓊州，可否俟各該艦抵粵時，由鈞部指定一艦，准由職處延請建築專家附搭該艦前往西沙島詳細察勘，俾於建築及運輸方面得有準繩，較易等核。除續呈房屋、鐵塔、機器圖案估單外，理合將籌備情形先行復呈鈞鑒。是否有當，伏候指令祇遵。

謹呈

海軍部部長、次長

海軍部海岸巡防處處長吳振南

## 海軍部令察勘西沙島俟派定何艦再行知照

日期：民國 19 年 12 月 27 日（1930 年 12 月 27 日）

令海岸巡防處處長吳振南

呈一件，呈復籌建西沙臺擬延請建築專家乘籌、瑞兩艦巡洋之便，指定一艦往該島察勘請核示由，呈悉。所請派艦察勘西沙島一節，應准照辦，俟指定何艦再行知照，仰即遵照。

此令

部長楊〇〇

## 海軍部咨關於建築西沙臺案已奉行政院密准請查照前案轉飭該電報機器廠長來部商洽由

日期：民國 21 年 4 月 11 日（1932 年 4 月 11 日）

為密咨事，案查西沙島籌設無線電觀象臺，經於十九年七月四日會呈行政院轉呈國府，飭下財政部將建築經費十八萬元按期撥發，以便著手籌便，並經貴部抄送電報機器第二廠廠長王振祥關於西沙設臺計畫及說明書，請查核併案辦理各在案。咨奉四月五日行政院密令：「建築西沙臺需款案，決議分六個月內撥足，已令財部遵辦。」等因。本部現正著手籌備。相應咨請貴部查照前案轉飭該廠長來部商洽，為荷。

此咨

交通部

海軍部長陳〇〇

## 交通部咨復改派現任電信機械製造工程師鄒頌清前來商洽

日期：民國 21 年 4 月 15 日（1932 年 4 月 15 日）

為咨復事，准貴部一八五一號密咨，略開：「案查電報機器第二廠廠長王振祥關於西沙設臺計畫及說明書，經請查核在案，茲正著手籌備。相應咨請貴部查照前案，轉飭該廠長來部商洽。」等因。准此查電報機器第二廠前廠長王振祥業因改組離職，關於西沙島設臺計畫，據該前廠長呈報：「該廠工程師鄒頌清曾赴東沙島工作，身歷其境，情形熟悉。」等情。茲由本部改派現任電機製造廠工程師鄒頌清前赴貴部商洽。除令飭鄒工程師剋日來京外，相應咨復查照，為荷。

此咨

海軍部

交通部長陳銘樞

## 海軍部密咨建築西沙觀象臺亟待撥款籌備請查照前咨迅予辦理見復由

日期：民國 21 年 4 月 20 日（1932 年 4 月 20 日）

為密咨事，查建築西沙觀象臺應儘本年秋間竣工，亟待撥款籌備一案，經於本月六日密咨貴部查照辦理在案。所有招工、投標暨籌劃運輸材料，並設備等項在在需時。現距颶風時期日近，不容再緩。相應再行咨請貴部查照前咨，迅予撥款見復，為荷。

此咨

財政部

海軍部部長陳〇〇

## 交通部函關於西沙島設臺計畫前經改派之工程師鄒頌清業已來京特派其詣部接洽由

日期：民國 21 年 4 月 26 日（1932 年 4 月 26 日）

敬啟者：

前准貴部密咨，關於著手籌設西沙島無線電觀象臺，咨請飭電機廠長王振祥來部商洽，經由本部改派現任電信機械製造廠工程師鄒頌清前赴貴部商洽，並密復查照在案。今鄒工程司業已來京，特派其持函躬詣貴部接洽，即希查照，為荷。

此致

海軍部

陳銘樞

## 財政部咨建築西沙觀象臺一案前奉行政院密令當經呈復國難期內財政異常竭蹶前項用費為數既鉅一時委實無款可撥等語在案復希查照

日期：民國 21 年 4 月 27 日（1932 年 4 月 27 日）

為咨復事，准貴部密咨字第二一一五號開：「為密咨事，查建築西沙觀象臺儘本年秋間竣工，亟待撥款籌備一案，經於本月六日密咨貴部查照辦理在案。所有招工投標暨籌畫運輸材料，並設備等項在在需時，現距季風時期日近，不容再緩。相應再行咨請部查照前咨，迅予撥款見復。」等因准此。查此案前奉行政院密令，當以現值國難期內，金融停滯、財政異常竭蹶，維持現狀已若不易，前項用費為數既鉅，一時委實無款可撥，即經據情呈復在案。准咨前因。相應咨復查照，並希諒察，為荷。

此咨

海軍部

財政部宋子文

## 海軍部呈為前奉密令建設西沙島觀象臺正計畫進行間接准財部來「無款可撥應如何辦理伏乞示遵

日期：民國 21 年 5 月 4 日（1932 年 5 月 4 日）

呈為呈報事。竊本部前為建設西沙島無線電觀象臺需款拾捌萬元，密呈請飭財部照撥一案。旋奉四月四日鈞院第七六八號密指令內開：「呈悉。此案經提出本院第七十八次會議，決議轉令財政部於六個月內分期撥足，以資興辦。除令財政部遵照辦理外，仰即知照。此令。」等因；奉此，當以事關黨國大計，建設刻不容緩，經遵照鈞院十九年七月十一日指令，咨由交通部派員議定無線電機之種類，及其建設安全辦法；由交通部擔任應用之觀象儀器，並向上海怡和洋行商榷約定價值。至該臺營造工程材料、工人、運送方法亦經驗製詳圖計畫，一切秘密進行，仰■六個月內竣工之命令。正招商承辦間，忽接財政部來咨，以：「財政竭蹶，無款可撥。」等由；事屬領土交涉，關係甚鉅，鈞院密令煌煌，該部未允撥款，無從興辦，深滋惶悚，應如何辦理之處，伏乞鑒核示遵。

謹呈

行政院院長汪

海軍部部長陳〇〇

## 交通部咨送西沙島無線電機說明及估價書請核辦並將經費已領多少統行見復

日期：民國 21 年 5 月 7 日（1932 年 5 月 7 日）

為咨行事，據電信機械製造廠第二工廠工程師鄒頌清呈報，節稱：「（一）於本月二十六日，奉令前赴海軍部接洽西沙島無線電機事宜，經與所派海政司楊科長等討論，頌清預擬關於無線電機所需機件說明及估計書，對於機件之物質及數量均無異議；（二）關於全副機價於十九年七月，由前電報機器第二製造廠長王振祥約估需洋三萬餘元，現因金價騰貴，經頌清照目前全市詳細估計，在上海交貨需國幣四萬五千元；（三）海軍部請估計，關於無線電機件運輸及裝設一切費用。查西沙島位處海洋之中，人跡罕至，平時無舟楫往來，將來前往建築電臺、房舍及運輸機件勢必派艦或僱輪，究竟需費若干，殊難預計。此項運輸、裝設、建築等一切費用應請海軍部自行估計；附呈電機說明及估價一份，請轉咨核辦。」等情；據此，查建築西沙島無線電觀象臺所需之電機材料、人工運輸以及一切設備等全部費用，前准貴部函知，由貴部於十九年度核實估計，共需洋十八萬元，並經列入貴部十九年度預算；呈請行政院轉飭財政部撥發在案。至該臺所需無線電機器及備件，前由本部電報機器第二廠王廠長振祥於十九年七月估計約需三萬餘元，並經本部咨請貴部查核併案辦理在案。迄今時逾兩載，各項材料價格亦隨金價而增加。茲據該鄒工程師照目前全市估計，「此項電臺副機件在上海交貨，需洋四萬五千元」等情前來。所有較十九年估計增加之一萬餘元，應請貴部就該臺全部費用預算、統籌核計。或重行支配、或呈請追加。俾款項敷用，而事臻妥善。相應抄同機件說明估價書，咨請查核辦理見復。再此項經費現已領到多少，並請咨知，為荷。

此咨

海軍部

抄附西沙島無線電機說明及估價書一份。

交通部長陳銘樞

## 行政院令據呈為建設西沙群島觀象臺正在計劃進行准財政部咨無款可撥請示如何辦法昨經電飭財政部勉力籌撥指令知照由

日期：民國 21 年 5 月 12 日（1932 年 5 月 12 日）

令海軍部

據呈為建設西沙島無線電觀象臺正在計劃進行，准財政部咨：「無款可撥，請示如何辦法由，呈悉。查此案昨據財政部以財政竭蹶，無款可撥。」等情。呈復到院，當經電飭勉力籌撥在案，仰即知照。此令。

## 海政司函奉行政院指令內開以電飭財部勉力籌撥等因相應抄錄原呈並指令隨函送請貴處查照辦理

日期：民國 21 年 5 月 13 日（1932 年 5 月 13 日）

逕啟者：

關於西沙建臺需款十八萬元，經行政院議決，轉令財政部於六個月內分期撥定一案，曾於上月七日附抄原案三件函達貴處查照辦理在案。嗣准財政部上月廿八日來咨：「以西沙建臺際此國難時期，無款可撥，咨請查照。」等因。當經抄付貴處並據情呈請行政院核示又在案。茲奉行政院指令內開：「以電飭財部勉力籌撥。」等因。相應抄錄原呈，並指令隨函送請貴處查照辦理，為荷。

此致

經理處

海政司啟

五、一三

## 海軍部咨密貴部查照院電俾念情形勉為設法提前籌撥俾資舉辦以重主權而杜侵越並請見復

日期：民國 21 年 5 月 16 日（1932 年 5 月 16 日）

為密咨事，案查建築西沙觀象臺需課款十八萬元，奉行政院第十八次會議，決議轉令貴部於六個月內分期撥定，以資興辦一案。前奉行政院令知財部，當經咨請貴部儘四月內先撥半數，餘由五月份起按月撥付，俾儘秋間竣工。一面咨由交通部派員議定應用電機之種類，及担任建設安全辦法，並向上海招何洋行商購觀象儀器，約定價值；至營造工程與材料工人運送各辦法，亦經詳慎計劃正在秘密積極進行間，適准貴部庫字第八六八號咨知「一時無款可撥」等因。事關領土主權，本部奉令辦理。准咨前因。無從興辦，深滋惶悚，當經呈報行政院在案。茲奉行政院令開：「此案昨據財部竭蹶，無款可撥。」等情。呈復：「行政院當經電飭勉力籌撥，仰即知照。」等因。奉此，仰見行政院注重領土主權，對於西沙島設立觀象臺實有不容或緩之處。相應咨密貴部查照院電，俾念情形勉為設法提前籌撥，俾資舉辦，以重主權而杜侵越並請見復，實紉公誼。

此咨

財政部

經理處

## 行政院令據財政部呈復奉電飭撥款建築西沙島觀象臺一案仍請寬以時日俟財政稍裕再行籌撥轉令知照由

日期：民國 21 年 5 月 25 日（1932 年 5 月 25 日）

令海軍部

為令行事，案據財政部呈稱：「案奉鈞院支電，：『關於海軍部呈請撥款十八萬元建築西沙島無線電觀象臺一案，仰仍遵前令勉力籌撥』等因；奉此，查此案前奉鈞院第九四三號密令，當以國難期內金融停滯、財政異常竭蹶，維持現狀已苦不易，前項經費為數既非一時委實，無款可撥，業經具情呈復在案。茲奉前因。現在時局雖略見緩和，而金融來源仍形枯竭，前項用款惟有，仍懇寬以時日，一俟財政稍裕再行遵照籌撥。」等情；據此，合行令仰該部知照。此令。

## 海軍部呈陳西沙設臺應行趕辦各緣由乞鑒核示遵

日期：民國 21 年 5 月 25 日（1932 年 5 月 25 日）

竊西沙島建築觀象臺關係國防主權，前經瀝陳並奉令遵辦在案。查現時距離原定該臺竣工期間，尚有時日，倘趕工建築仍能如期告竣，而承包此項工程之營造廠亦允負責建造，並由銀行擔保。本部以茲事關係甚鉅，現既有機可乘，即未可置諸緩圖，致啟外人覬覦。至該島遠距大陸，在海洋中設臺觀象係事屬慈善事業，不但國內各方一致贊因，而亞東各觀象機關疊次請求我國從速辦理。在此設臺，且足慰外國航船安全之希望，是又於國防主權之外，兼符國際信用。所有西沙建臺應行趕辦，及中外各方贊同，各緣由。是否有當，理合備文陳明，伏乞鈞鑒示遵。

謹呈

行政院院長

海軍部部長陳〇〇

## 海軍部咨復所列機件尚屬符合俟建築費領到後再請貴部逐件詳細估計以資辦理由

日期：民國 21 年 5 月 26 日（1932 年 5 月 26 日）

為咨復事，准五月七日貴部密字第八一號咨，略開：「據電信機械製造廠工程師鄒頌清呈報節稱：（一）於本月二十六日，奉令前赴海軍部商洽對於機件之物質及數量。均無異議。（二）關於機價現因金價騰貴，在上海交貨需國幣四萬五千元。（三）海軍部請估計機件運輸及裝設一切費用殊難核計，請自行估計；附呈電機說明及估價書乙份，請轉咨核辦。」等情；據此，查建築西沙島無線電觀象臺所需之機件材料、人工運輸以及一切設備等全部費用，前准貴部函知，由貴部於十九年核算估計，共需洋十八萬元，並經列入十九年度預算呈請行政院轉飭財政部撥發在案。至該臺所需機器及備件，前由本部王廠長振祥於十九年七月估計，約需國幣三萬元，並經本部咨請貴部查核併案辦理在案。迄今時餘兩載，各項材料價格亦隨金價而增加，所有較十九年估計增加之乙萬餘元，應請貴部就該臺全部費用預算統籌核計，或重行支配，或呈請追加，俾臻妥善。相應抄同機件說明估價書，咨請查核辦理見復；再，此項經費現已領到多少，並請咨知。等因准此。查此次咨請貴部工程師來部商洽，係討論機件情形、設置安全辦法，來咨所列機件與商洽時所定尚無不同，但價格較十九年所估超出乙萬餘元，且將運輸及裝置等費列入估計之外，影響預算至鉅，照普通定購機件情形，例以裝妥並試驗成績滿意後始為手續終了之時。現此項建築費十八萬元奉五月廿五日行政院令知：「據財政部呈復：『奉電飭撥款建築西沙島觀象臺一案，仍請寬以時日，俟才稍裕再行籌撥。』等情；轉令知照。」等因。一俟款項領到時，再請貴部將逐項機件詳細開列估單，以資備查辦理。准咨前因。相應咨復即請查照，為荷。

此咨

交通部

海軍部長陳〇〇

## 海政司函茲派本司科員曾昭武前往貴司面洽一切

日期：民國 21 年 10 月 10 日（1932 年 10 月 10 日）

逕啟者：

案查貴部前送西沙島無線電機說明及估價書，關於鐵塔高度方面及距離，並天線重量圖式等，均未詳細開列。前項各節暨與建築臺屋有關，茲派本司科員曾昭武前往貴司面洽一切，即祈查照，為荷。

此致

交通部電政司

海政司啟
十、十

## 交通部電政司函西沙島設臺計劃圖說一份即希查收

日期：民國 21 年 11 月 2 日（1932 年 11 月 2 日）

逕復者：

前准大函囑將西沙島設臺計劃中關於鐵塔高度、方向等項詳細開列，當即函飭電信機械製造廠技術員鄒頌清補具圖說呈核。茲據復稱：「西沙島電臺鐵塔、高度、方向及距離並天線重量等繪具圖說，呈請鑒核。」等情；相應檢同圖說一份，即希查收，為荷。

此致

海軍部海政司

附圖說一份（略）

交通部電政司啟
十一、二

### 西沙島無線電機說明及估價書

第一項　一啟羅華脫長波無線電發報機　壹副

是項發報機採用 R. C. A. UV851 一啟羅華脫真空管一只，程式分繼幅式及減幅式，波長為六百、七百及八百公尺三種。

第二項　五百華脫短撥無線電發報機　壹副

是項短波發報機採用 R. C. A. UV204A 二百五

十華脫真空管二只，電路為推挽式，波長自二十至八十公尺。

附注：原計劃採用主震盪器，以期音符穩固，惟同時管理手續較繁，更調波長尤為困難，故茲不採用。

第三項　八啟羅華脫直流柴油引擎發電　壹部
是項引擎發電機用以充電蓄池引擎與發電機直接接合，故占地面積甚小。

第四項　主要蓄電池　壹副
是項蓄電池之電壓為二百十伏爾脫，容量三百安培時，且有端電瓶五只。

第五項　高低壓馬達發電機　壹副
是項馬達發電機係三連式馬達，為一百一十伏爾脫。直流高壓發電機為三千伏爾脫、二千五百華脫；低壓為十四伏爾脫、八百華脫。備有自動起動器，使用手續簡便異常。

第六項　長波收報（附耳機二副、AB 蓄電池各壹副、C 乾電池壹副）　壹副
是項長波收報機係四燈式，計高週波擴大器一級、檢波器一級、成音波擴大器二級，波長自二百至二千公尺。

第七項　短波收報機（附耳機二副、AB 蓄電池各壹副、C 乾電池壹副）　壹副
是項短波收報機係四燈式，計高週波擴大，計高週波擴大器一級、檢波器一級、成音波擴大器二級，波長自十五至二百公尺。

第八項　充電盤　壹座
是項充電盤專為管理充電之用。
第九項　管理盤　壹座
是項管理盤管理供電馬達、發電機及發報機之用。
第十項　高壓充電盤　壹座
是項充電盤管理充電 "B" 蓄電池之用。
第十一項　壹百五十尺高鐵塔　貳座
是項鐵塔為自立式，為求穩固起見，再加拉線之道，每道四條，每條均有隔電器。
第十二項　長波天線地網　壹副
關於天線地網應需各物，除地網所需之木桿外，無一或缺。
第十三項　短波天線　壹副
為餵流式波長，約四十公尺。

第十四項　裝設線　壹宗
主要電線採用鉛色包膠皮線。
第十五項　工具　壹套
四尺腳踏車床一部，其他如老虎鉗、銼刀、鉗子等。
第十六項　長波測波器　壹只
第十七項　短波測波器　壹只
第十八項　真空管
一啟羅華脫真空管　壹只
二百五十華脫真空管　貳只

長波收報真空管　壹份

短波收報真空管　壹份

第十九項　備件

一啟羅華脫真空管　貳只

二百五十華脫真空管　肆只

四燈式長波收報機　壹副

四燈式短波收報機　壹副

“A” 蓄電池　貳副

“B” 蓄電池　貳副

“C” 乾電池　貳副

高壓發電機電軸　壹只

長波天線　壹副

短波天線　壹副

長波收報真空管　參份

短波收報真空管　參份

上述全副機器連同備件、鐵臺在上海交貨，計需國幣肆萬伍仟元整

附注：原約估需國幣參萬餘元，因金價騰貴，照目前金市估計，估計需國幣肆萬伍仟元整。

## 國立中央研究院函為西沙群島應由我國政府設立氣象臺請查照前案呈請行政院迅予令飭財政部務於最近期內撥款興築西沙氣象臺至於儀器人材等項本院氣象研究所極願襄助合作以期早日實現由

日期：民國 23 年 3 月 8 日（1934 年 3 月 8 日）

逕啟者：

按颱風形成為氣象報告重要部份。吾國沿海颱風，多自南洋群島發源，故東沙島及西沙群島氣候報告，皆極為注重。查東沙島尚有貴部設置之氣象臺，電報暢通，惟西沙群島至今未有氣象設備。而地址密邇我國南海、法屬安南及美屬菲律賓，為夏秋之交颱風由南海登陸必經之道，民國十九年五月香港觀象臺召集遠東氣象臺臺長會議時，曾經各國到會代表議決：「請我國政府從速在西沙島上設立測候所。」同時貴部業已有整個建築計劃，並經呈准行政院令飭財部撥款籌建，乃以未有之款，遷延至今。自法國強占南海九小島以後，西沙形勢益臻危迫，最近法國人士又有進占西沙群島之企圖，報紙宣騰、危言聳聽，而最大理由則為「西沙群島未設氣象臺，每當颱風進襲安南時，未得先期之報告」。則西沙籌設氣象臺一案，即不為氣象預報著想，而為鞏固領土主權計，亦應及早進行，刻不容緩。至於該處漁業之盛、燐礦之厚，尤難罄述，用特函請貴部查照前案，呈請行政院迅予令飭財政部，務於最近期內撥款興築西沙氣象臺，以保國土；至關於氣象技術方面，如儀器、人材等項，本院氣象研究所極願相助合作，以期早日實現。除分函行政院查照外，相應函請貴部查照辦理見復，實紉公誼。

此致

海軍部

院長蔡元培

## 海軍部呈西沙島設立觀象臺一案前經本部縷晰瀝陳現據報載法有鼓吹企圖事勢危急究應如何辦理乞察核

日期：民國 23 年 3 月 9 日（1934 年 3 月 9 日）

竊查西沙領土關係國權、外交。民國十四年夏間，經前海軍部提出閣議通過，即在該島設立觀象臺在案。本部成立後，復於十九年七月四日會同交通部呈請鈞院轉呈國民政府飭下財政部，迅將估計應需建築該島無線電觀象臺等費拾捌萬元，予以按期撥款一案。嗣奉鈞院七月十一日，第二二八號指令內開：「呈悉。此案經提出本院第七十七次會議，議決照兩部所呈分飭已轉呈國民政府，並分令財政部及廣東省政府遵照矣，仰即知照。此令。」等因。遵由本部編造預算，並向財政部接洽領款，嗣因財政部未即撥款，以致延未建設。二十一年三月間，本部准外交部咨以該島領土問題，法外部竟稱百年以前，安南嘉隆各王曾在該島樹碑建塔，主張安南之先有權，照請我國依法解釋等由。本部因見東沙設臺，領土問題，即經解決，西沙尚待設臺，而法人引無稽之說，意圖占據，復於二十一年四月一日密呈鈞院，以該島設臺關係外交重大，及今不圖，後患殊難設想，仍請飭令財政部查案撥款。旋奉鈞院四月四日第七六八號密指令內開：「呈悉。此案經據本院第十八次會議議決，轉令財政部於六個月內，分期撥足，以資興辦。除令財政部遵照辦理外，仰即知照。此令。」等因。當經咨請財政部照撥，並計畫進行一切。旋准財政部來咨，以：「財政竭蹶，無款可撥。」等由；本部復於五月四日據情轉呈鈞院核示。旋奉鈞院五月十二日第一一一一號指令內開：「呈悉。查此案昨據財政部以財政竭蹶，無款可撥等情。呈復到院。當經電飭勉力籌撥在案，仰即知照。此令。」等因。奉此，是以該島設臺，停頓至今未由著手建設。本月七日，滬京各報登載，「最近法報鼓吹進占西沙群島。其最大理由，則因西沙群島為夏秋颶風進襲安南之路，該島未有氣象臺設置，安南一帶，事先不得氣象報告，無從準備，故非及時占領，實難施展」等語。查該島關係重要，及亟應設臺之經過情形，業經本部於十九年七月及二十一年四月，縷晰瀝陳在案。現在法報既有此種言論，若再不圖，難保不成事實。本部權衡危急事勢，建設該臺誠屬萬難再緩。究應如何辦理，以杜覬覦而保國權之處。理合備文呈請，伏乞察核施行。

謹呈

行政院院長汪

海軍部部長陳〇〇

## 海軍部函復西沙觀象臺已呈請迅飭撥款興築抄錄原呈復請察照

日期：民國 23 年 3 月 10 日（1934 年 3 月 10 日）

案准本月八日貴院函，以：「西沙島觀象臺亟應查案，呈請行政院迅飭撥款興築。至於儀器、人才等項，當襄助合作，請查照辦理見復。」等因。查此案業經本部查案瀝陳該島建臺，實難再緩各緣由，呈請行政院察核施行在案。茲准前因。相應抄錄原呈，附請貴院察照，為荷。

此致

國立中央研究院

附抄呈一件

## 行政院令據呈請從速撥款建築西沙島無線電觀象臺一案已令財政部查照前案分期籌撥指令知照

日期：民國 23 年 3 月 19 日（1934 年 3 月 19 日）

呈為建築西沙島無線電觀象臺萬難再緩，請核示由，呈悉。已令財政部查照前案，分期撥款矣，仰即知照。此令。

## 海軍部咨關於從速建設西沙島觀象臺以杜外人覬覦一案現奉院令由貴部查案撥款請查照見復

日期：民國 23 年 3 月 31 日（1934 年 3 月 31 日）

案查建築西沙島觀象臺需款拾捌萬元，二十一年四月間經行政院第十八次會議，議決轉令貴部於六個月內分期撥發，以資興辦一案。前奉行政院令知到部，當經咨請貴部撥發在案。嗣因貴部無款可撥，以致該島設臺停頓至今，未由著手建築。本月七日，京滬各報登載「最近法報鼓吹進占西沙群島，其最大理由，則因西沙群島為夏、秋颶風進襲安南必經之路，該島未有氣象臺設置，安南一帶事先不得氣象報告，無從準備，故非即時占領，實難施展」等語。本部權衡危急事勢，若不圖難保不成事實，經據情呈請行政院核示。茲奉行政院第八一四號指令內開：「呈悉。已令行財政部查照前案分期撥款矣。仰即知照。此令。」等因。事關領土國權，相應咨請貴部查案撥款，以資興辦而杜覬覦，並祈見復，至紉公誼。

此咨

財政部

海軍部長陳○○

## 海軍部密呈為西沙領土關係軍事外交擬請從速建臺以杜覬覦仰祈鑒核由

日期：民國 23 年 4 月 1 日（1934 年 4 月 1 日）

呈為西沙領土關係軍事、外交；擬請從速建臺以杜覬覦，恭呈密陳仰祈鑒核事。竊查東沙島自前清宣統二年，由粵省府遣散日人離島後，香港政府屢請借地建設觀象臺，當經前海軍部以領土攸關，業於民國十二年間，即在該島設臺觀象，以防侵越。至西沙亦屬國領土，宣統元年間法、荷等國航業公司紛紛集議，均以在此有設立燈塔之必要，經由海關轉據請求呈請我政府建設燈塔。嗣於十四年間，上海徐家匯法國天文臺函請海岸巡防處查照東沙辦法，設立西沙觀象臺。又前年四月間，香港召集遠東觀象臺會議，安南海防觀象臺臺長法人勃魯遜、上海徐匯觀象臺主任勞積勳亦公同請求我國代表在西沙迅建觀象臺，是國際間對我西沙設臺一節，兢兢注意，已非一日，且該島西鄰東京灣，為法國軍、商艦船航線必經之路，在法人尤為重視。本年三月十五日，本部准外交部咨，以：「該島領土問題，法外部竟稱百年以前安南嘉隆各王曾在該島樹碑建塔，主張安南之先有權，照請我國依法解釋。」等因。可見東沙一經設臺，則領土問題即經解決，西沙待設臺，而法人引無稽之說，亦圖占據，此就交涉事實而言也；至於國際軍事上關係，歐戰以遠，世界大勢趨重東方，西沙群島可定為安南之屏障，飛機可借該島為駐足、潛艇可借該島以儲油，苟該地屬於法國，瓊崖間於其間，虎視眈眈，危機四伏，亟應自行建臺，以免窺伺，此就軍事形勢而言也。查該島設臺，所有計畫民國十四年夏間已由前海軍部提出閣議，通過在案。本部成立以來，早已注意及此，復於十九年七月四日，會同交通部呈請鈞院轉呈國民政府，飭下財政部迅將估計應需建築該島無線電觀象臺等費，十八萬元，予以按期撥發一案。嗣奉鈞院七月十一日第二一二八號指令，內開：「呈悉。此案經提出本院第七十七次會議，決議照兩部所呈，轉呈分飭，已轉呈國民政府並分財政部及廣東省政府遵照矣。仰即知照。此令。」等因；奉此，遵由本部編造預算並項財政部接洽領款，迄今尚未撥付，以致遷延時日，未由著手建築，不知該島設臺關係軍事、外交至為重大，本部權衡事勢，實屬萬難再緩。擬請飭下財政部查照前案，立予分期撥款，以期早日觀成，不獨國際上可副列邦期望之殷，亦杜他族覬覦之弊。事關國權、外交，及今不圖後患，殊難設想。理合備文呈請，伏乞鑒核施行。

謹密呈

行政院長汪

海軍部部長陳○○

## 行政院密令財政部於六個月內分期撥定建築西沙島無線電觀象臺需款

日期：民國 23 年 4 月 4 日（1934 年 4 月 4 日）

令海軍部

據密呈為建築西沙島無線電觀象臺需款拾捌萬元，請飭財政部照撥由，呈悉。此案經提出本院第十八次會議，決議轉令財政部於六個月內分期撥定，以資興辦。除令財政部遵照辦理外，仰即知照。此令。

## 海軍部咨建築西沙觀象臺關於軍事外交未容稍緩其建費十八萬元請先撥半數餘由五月份起按月撥付由

日期：民國 23 年 4 月 6 日（1934 年 4 月 6 日）

為密咨事，查建築西沙觀象臺需款十八萬元一案經於本月一日由本部密陳國際利害關係，呈請行政院鑒核。茲奉行政院第七六八號密指令開：「呈悉。此案經提出本院第十八次會議，決議轉令財政部於六個月內分期撥定，以資興辦。除令財政部遵照辦理外，仰即知照。此令。」等因；奉此，查該島海外孤懸，暗礁林立，交通之險阻、運輸之困難，較東沙尤甚，由粵運送建臺材料，人工必須趕於春、夏二時之內始能到達本部，擬剋日著手興辦，俾應時機。事關軍事、外交，未容稍事延緩，應請貴部對於此項特別必須之建費十八萬元，儘本月內先撥半數，以便趕速籌辦，其九萬餘款由五月份起按月撥付，俾儘本年秋間竣工。相應照抄密陳行政院原呈一份，備文咨送即其查照辦理見復，為荷。

此咨

財政部

附抄密呈一件

海軍部部長陳〇〇

## 海政司函請貴處希將前建築東沙臺合同及東沙臺所有現用觀象儀名稱迅予抄錄見復

日期：民國 23 年 4 月 10 日（1934 年 4 月 10 日）

關於建築西沙島觀象臺一案，復經本部呈請行政院核示，現奉行政院指令：「已令行財政部查案撥款。」等因。除由部咨行財政部迅即籌撥外，相應函請貴處希將前建築東沙臺合同，及東沙臺所有現用觀象儀名稱迅予抄錄見復，以資參考，為荷。

此致

海岸巡防處

海政司啟

四、十

## 海岸巡防處函復海政司函請貴處希將前建築東沙臺合同及東沙臺所有現用觀象儀名稱迅予抄錄見復

日期：民國 23 年 4 月 16 日（1934 年 4 月 16 日）

准貴司四月十日來函祇悉。查建築東沙臺合同詳查卷宗，業於十四年四月十六日呈送前海軍部存案，本處卷內並無抄底，茲將此項呈文指令抄奉臺閱，請於存部舊案內詳細稽查，當可檢得；另附東沙臺所有現用觀象儀器清單一件，統祈察核，為荷。

此致

海軍部海政司

附抄件二件

海軍部海岸巡防處

### 抄呈前海軍部文

十四年四月十六日

呈為東沙測候臺業經在滬投標、訂約、付價、包造，謹附最終確定臺圖，並工料說明書，仰祈鑒核備案事。竊東沙島建臺經過情形，前經草擬臺圖呈鑒。事關遠海孤島工程，所有全數材料既須一次運送，建築方法又須先期確定，日後即無可變更。一切工料之審定，應以嚴謹為主，其中尚有應行增改者數端，職處參照最新禦風、避暑造法，證以該島情形，詳加修正，以期完美。原圖屋頂用方磚水泥石按層蓋屋，牆用土磚內外夾接；今屋頂改用水泥碎石所製，三角式之塊上蓋地瀝青，期暑熱流通其間不至積壓，牆用水泥製成，板塊較前加重分量。又原圖電桿用鋼管分節套接；今改用四角橫格式，並用加厚鋼條，以其堅固。上月二十八日，在滬登報招人投標，本月八日方接到九龍關稅司轉到香港工程司，所擬修正之臺圖及工料說明書經由職處一併招人投標。現檢閱所投標價，職處所擬臺圖畢德生洋行開洋十七萬元、同泰機器廠有限公司開規銀九萬八千零六十兩、西門子洋行開洋八萬四千元、林森記營造廠開規銀五萬八千二十四兩、索諾維齊洋行開洋七萬四千元相較係最低價標；其香港所擬之圖畢德生洋行開洋十五萬九千七百元、索諾維齊開洋十七萬五千元。此次投標人均以東沙為孤荒之島，遠距大陸。或電駁運材料之險阻，或憚招及工匠之困難，或患海盜之行劫，以致標價大不相同。查索諾維齊洋行係江蘇交涉公署介紹所開價洋七萬四千元亦最低價格，本日已與訂約，由其承包其頭批之款，計洋一萬四千八百元，即經全國海岸巡防處撥付。所有東沙島測候臺業經在滬投標，並訂約、付價、包造緣由。謹附最終確定臺圖工料說明書，並合同備文呈請鑒核，伏乞賜予備案，實為公便。

謹呈

海軍總長

海道測量局局長許

**抄海軍部指令**

呈並附件均悉。應准備案。此令。

東沙島觀象臺現用氣象儀器清單

計開

| 種類 | 數目 |
|---|---|
| 水銀氣壓表 | 四 |
| 風向風力自記機 | 全副 |
| 最高最低聯合溫度表 | 一 |
| 最高溫度表 | 二 |
| 最低溫度表 | 一 |
| 乾溼球溫度表 | 二 |
| 颶風測驗機 | 一 |
| 測雲鏡 | 二 |
| 日照儀 | 二 |
| 量雨計 | 二 |
| 量雨水瓶 | 一 |
| 自記氣壓表 | 一 |
| 自記溫度表 | 一 |
| 自記濕度表 | 一 |
| 舊式林氏風力計 | 一 |
| 自記量雨儀 | 二 |
| 乾溼球聯合自記表 | 一 |
| 地震儀 | 一 |

## 海軍部咨請迅速撥款建造西沙觀象臺

日期：民國 23 年 4 月 11 日（1934 年 4 月 11 日）

查建築西沙觀象臺於軍事、國權上均有關係，經奉行政院密令，迅速興工，並陳述危急情形，一再咨請貴部迅與撥款興築在案。該島在海洋之中，遠距大陸。所有該臺建築應需之材料、人工暨日用淡水等，均須通盤籌畫，預為鳩集，儘一次雇用專船運送。此時該處颶風方息，若遲至秋初則無船可僱，故必須趕至本年七月內完工。現經計畫圖樣，招商估造，限期竣事，積極進行。至應用各項長、短波電機，以及觀象儀器，業與交通部及中央研究院商定辦法。目下夏令瞬屆，建築準備，實屬不容再緩。且該島地勢重要，為國際所注意，尤須從速建臺，以杜窺伺。擬請貴部查照前案，對於此項特別必需之建費十八萬元，續於本月內至少先撥半數，以應急需。其餘九萬元之款，由五月份起分期撥付，趕本年七月底秋末竣工。相應咨請貴部惠察外交危急情形，依照院令，勉為提前撥發，以資舉辦而應時機，並請見復，至紉公誼。

## 交通部電政司函復本部現以電信機械製造廠業已停辦未能製造無線電臺

日期：民國 23 年 4 月 14 日（1934 年 4 月 14 日）

頃准貴司科員李景杭君來司面洽，關於西沙群島設主長、短波無線電臺各一座。奉本部現以電信機械製造廠業已停辦，未能製造。惟查上海中華無線電公司經理英國馬可尼公司出品三千華特長波無線電機全部，連同發電設備等，經估價每具英金貳千四百餘鎊，約合國幣參萬陸千餘元。再查上海職業教育社無線電合作社估價五百華特短波發報機，連同發電設備機件等，計國幣洋陸千壹百五拾元。該兩家出品均勘適用。相應函請查照，為荷。

此致

海軍部海政司

交通部電政司啟

## 海軍部函復建築西沙觀象臺一案承允儀器及觀象人才襄助合作至紉公誼附抄東沙儀器清單請酌核辦理並見復由

日期：民國 23 年 4 月 16 日（1934 年 4 月 16 日）

前准貴院函以：「西沙島觀象臺應查案呈請行政院迅飭撥款興築。至儀器、人才當襄助合作，請查照辦理見復。」等因；當經抄錄原呈復請貴院察照在案。茲奉行政院第八一四號指令內開：「呈悉。已令財政部查照前案，分期撥款，仰即知照。此令。」等因。經即咨請財政部迅予撥款建築各在案；至儀器及觀象人才承允相助，至紉公誼。查西沙遠隔海洋，運料建築應於春末興工，秋初竣事，此項儀器，夏間即須運寄。除抄附東沙臺儀器清單備資參考外，相應函請貴院酌核辦理，並祈見復，為荷。

此致

國立中央研究院

## 國立中央研究院函復以建築西沙觀象臺所需儀器本院附送清單一份請查核見復由

日期：民國 23 年 4 月 25 日（1934 年 4 月 25 日）

逕復者：

前准貴部第二四七九號公函，事由為：「建築西沙觀象臺一案承允儀器及觀象人才襄助合作，至紉公誼；附抄東沙儀器清單，請酌核辦理，並見復。」等由；附抄件。准此。當即轉交本院氣象研究所核辦去後，茲准復函：「查西沙築臺關係國防，自應將氣象儀器照議撥助，惟東沙島現備各器間有數件本所並未購備，茲仍參照原附清單酌予增減；另開擬予撥助西沙島觀象臺器象儀器清單一件，送請查照，並希轉復。」等由；計附清單一件。准此。相應函復，連同清單送請查核，並希見復，為荷。

此致

海軍部

附清單一件

院長蔡元培

擬撥西沙島觀象臺氣象儀器清單

| 種類 | 數目 |
| --- | --- |
| 水銀氣壓表 | 二 |
| 自記風向風速計 | 全副 |
| 最高溫度表 | 二 |
| 最低溫度表 | 二 |
| 乾溼球溫度表 | 二 |
| 測雲鏡 | 一 |
| 日照計 | 一 |
| 量雨器 | 二 |
| 量雨尺 | 二 |
| 自記氣壓計 | 一 |
| 自記溫度計 | 一 |
| 自記溼度計 | 一 |
| 毛髮濕度表 | 一 |

## 海軍部令建築西沙島觀象臺務儘財政部所撥款項及限期之內辦理完妥並將情形隨時具報

日期：民國 23 年 4 月 26 日（1934 年 4 月 26 日）

令本部海政司司長許繼祥

建築西沙島觀象臺一案，現由財政部指撥轉款辦理，自應積極進行。所有該觀象臺建築工程，及臺內外一切應需之設備務儘財政部所撥款項及限期之內辦理完妥。合行令仰該司長遵照辦理，並將情形隨時據報。此令。

## 海軍部函復西沙臺應用氣象儀器擬於七月初旬隨無線電機同時運島請查照

日期：民國 23 年 4 月 27 日（1934 年 4 月 27 日）

案准貴院禡字第七零九號公函，以：「西沙築臺關係國防，自應將氣象儀器照議撥助，惟東沙島現備各器間有數件本所並未購備，茲仍參照原附清單酌予增減；另開擬予撥助西沙島觀象臺器象儀器清單一件，送請查核。」等由；附清單一件。准此。查西沙茂林島孤懸海外，地處南方熱帶，八月間即有時令颶風，交通險阻，經限期該臺建築至七月底竣工，八月初旬即須廣播氣象。此項觀象儀器須於本年七月初旬由運送送無線電機專船同時運島，擬屆時前往貴院領取，即祈查照辦理，至紉公誼。

此致

中央研究院

## 海政司呈報建築西沙島觀象臺一案先行簽約並接洽裝設無線電情形

日期：民國 23 年 5 月 1 日（1934 年 5 月 1 日）

令開：「建築西沙島觀象臺一案，現由財政部指撥轉款辦理，自應積極進行。所有該觀象臺建築工程，及臺內外一切應需之設備務儘財政部所撥款項及限期之內辦理完妥。合行令仰該司長遵照辦理，並將情形隨時據報。此令。」等因，遵即馳滬辦理。查此項建築係限期本年七月底竣工，準備需時必須於三個月以前簽訂合同，現時款未收到，只得先行簽約；但載明該約以實行時，方生效力，昨經與陳椿記營造廠簽約，謹將該約並圖樣呈覽。至裝設無線電部份，經由職司函江南造船所，附抄大華無線電公司所開簡略說明及價目，請其承辦裝設。此次赴滬並約同公司工程師向該所盧主任又湘解釋，詳細說明所有辦理情形。遵令具報，伏乞鈞鑒。

謹呈

海軍部長

附合同一件、圖兩張

海政司司長許繼祥

## 海軍部呈建築西沙島觀象臺經費擬懇按照修正預算章程提經中央政治會議先行動支一面再補概算彙案核定

日期：民國 23 年 5 月 2 日（1934 年 5 月 2 日）

竊查建築西沙島觀象臺，需款拾捌萬元一案，前奉鈞院第八一四號指令內開：「呈悉。以令行財政部查照前案，分期撥款矣。仰即知照。此令。」等因。當經財政部先行簽發支付書捌萬元一紙，咨送到部，近因礙於審計手續，此款致未領出，而建築限期七月底必須竣事，又不能稍事遷延。查此項概算二十二年度及二十三年度，均經編造有案計達。建築費，核實估計拾捌萬元，開辦費壹萬元，經常費照東沙臺核定數目，全年度共陸萬柒千陸百拾柒元，尚未奉中央政治會議核定。惟查二十三年四月二日公布之修正預算章程第三十九條，本有「預算未成立時，如有特殊應急之經費，得由五院主管院長提經中央政治會議議決，先行動支」之規定。該島地處南海要衝，前年春間，法外部擅稱「百年以前，安南嘉隆各王曾在該島樹碑建塔，主張該島屬於安南之先有權。」照請我國依法解釋。本部以前此東沙設臺，領土問題即經解決，西沙因未設臺，故法人引無稽之說，意圖占據。本年三月，法報又復鼓吹侵占西沙群島，其最大理由則因「西沙群島為夏秋颶風進襲安南必經之路，該島未有觀象臺設置，安南一帶事先不得氣象報告，無從預備，故非及時占領，實難施展。」等語。本部權衡危急事勢，建設該臺誠屬萬難再緩。但該島孤懸海外，為颶風從出之途，交通既為不便，運輸自見困難，所以該臺建築應需之材料、人工暨日用淡水等，均須立時鳩集，僱用專船運送。此時該處颶風方息，若遲至秋初則又無船可僱，故必須此時開工，趕至本年七月底竣事；若照法定手續，須俟該預算核定後，審計部始可簽發支付書，實已緩不濟急。擬請鈞院體察外交危急情形，按照修正預算章程第三十九條之規定，提經中央政治會議議決，對此建築費拾捌萬元、開辦費壹萬元等，今由監察院飭知審計部先行簽發支付書。一面再由本部補編概算，送由主計處簽註意見，送請中央政治會議彙案核定，編入預算，以符手續而免延誤。事關特殊應急情形，理合備文呈請鈞院鑒核，迅予施行，並乞指令祇遵。

謹呈

行政院院長汪

海軍部部長陳〇〇

## 海軍部代電擬請電飭海關暫行墊撥現款以應急需

日期：民國 23 年 5 月 2 日（1934 年 5 月 2 日）

孔部長勛鑒：

萬急。西沙建臺限期本年七月底竣工。現已簽訂建築合同，承撥第一期建築費捌萬元，由國庫司簽發支付書，但限於審計手續支付需時，迫不及待；國防、外交關係重要，倘再遲緩，恐誤事機。擬請電飭海關暫行墊撥現款，以應急需，並祈電復，為禱。

陳紹寬叩

冬

## 財政部快郵代電復西沙建臺款支付書已送審計部核簽如手續未備請即備具以便支撥海關未能暫墊

日期：民國 23 年 5 月 8 日（1934 年 5 月 8 日）

海軍部陳部長勛鑒：

冬代電悉。西沙島建臺款已由部填發八萬元支付書，送請審計部核簽撥付，如果法定手續尚未完備，應由貴部迅即補完手續，以便國庫支撥。海關係徵收機關，未便先行墊撥，特覆諒察。

財政部齊印

## 海軍江南造船所函西沙島觀象臺限期七月底即須竣工勢已不及

日期：民國 23 年 5 月 8 日（1934 年 5 月 8 日）

逕復者：

准四月二十六日貴司函，敬悉一切。查西沙島觀象臺限期七月底即須竣工。而應配之真空管及發電機鈞須向外洋定購，限期短促，勢已不及。相應復請查照，並祈轉陳，為荷。

此致

海軍部海政司

海軍江南造船所啟

二三、五、八

## 國立中央研究院函復為氣象儀器業由本院氣象研究所籌備如已派定測候人員可否先期到所實習請查核見復由

日期：民國 23 年 5 月 10 日（1934 年 5 月 10 日）

逕啟者：

案准貴部第二七七一號公函，事由為：「復西沙臺應用氣象儀器，擬於七月初旬隨無線電機同時運島，請查照。」等由；准此，當即轉至本院氣象研究所查復去後，茲准該所復稱：「查氣象儀器，本所業已籌備，可於本年七月如期交運，惟該臺測候人員是否已經派定，最好能先期派至本所實習一、兩月，以資熟練。相應函達，仍希轉函海軍部商詢見復。」等由；相應函詢貴部，如已派定測候人員，可否先期到所實習之處，即希查核見復，為荷。

此致

海軍部

院長蔡元培

## 行政院指令關於建築西沙島觀象臺經費決議照通常手續辦理已函主計處迅轉中政會核定

日期：民國 23 年 5 月 10 日（1934 年 5 月 10 日）

令海軍部

呈為建築西沙島觀象臺經費，擬懇按照修正預算章程，提請先行動支，祈核示由，呈悉。案經提本院第一五九次會議決議，「照通常手續辦理」。已函請主計處迅予核轉中央政治會議核定矣。仰即知照。此令。

## 海政司函此次建築西沙島觀象臺概算書編制機關自應仍行續書貴處名義以符原案

日期：民國 23 年 5 月 10 日（1934 年 5 月 10 日）

案奉部令第二七二一號內開：「建築西沙島觀象臺一案，現由財政部指撥專款辦理，自應積極進行。所有該觀象臺建築工程及該島內外一切應需之設備，務於財政部所撥款項及限期之內辦理完妥。合行令仰該司長遵照辦理，並將情行隨時具報。此令。」等因；奉此，查該臺概算早經列在貴處所屬機關預算。案內此次建築該臺概算書編制機關，自應仍行續書貴處名義，以符原案。該概算書業經本司編繕完畢，茲特隨函送上，請即分別加蓋印章剋日送司，以憑轉送，至紉公誼。

此致
海岸巡防處

海政司啟
五、十

## 海岸巡防處函加購之半啟羅劃脫火花式電機一副事

日期：民國 23 年 5 月 12 日（1934 年 5 月 12 日）

案准貴司五月十一日來函以：「前向西門子公司價購東沙臺電機時，曾加購火花式電機一副，備為西沙建臺之需。囑即將該項機件，檢齊裝配，以便運往西沙應用。」等由。查當時加購之半啟羅劃脫火花式電機一副，因款項分文未交，迄未提取到處，至今仍存該公司，現若啟用此機，須備現款美金五千三百元，方可提取，且逐年利息，尚未計算在內。准函前由，相應函復即希查照，為荷。

此致
海軍部海政司

海軍部海岸巡防處啟
五月十二日

## 海軍部函送建築西沙島觀象臺概要書及合同圖樣等請迅予核轉察收備查

日期：民國 23 年 5 月 14 日（1934 年 5 月 14 日）

查建築西沙島觀象臺關於國權、外交一案，前奉行政院第八一四號指令內開：「呈悉。已令行財政部查照前案，分期撥款矣。仰即知照，此令。」等因。當經財政部先行簽發支付書八萬元一紙，咨送到部，近因礙於審計手續，此款致未領出。而該島孤懸海外，又為颶風從出之途，此時該處颶風方息，故所有建築應須之材料、人工暨日用淡水等，均須立時鳩集，僱用專船運送，若遲至秋初，則又無船可僱，是以必須於此時開工，趕本年七月底竣事。若照法定手續，誠恐緩不濟急。本部不得已，於本月二日呈請行政院，以特殊應急情形，擬按照修正預算章程第三十九條之規定，提經中央政治會議，議決對此建築費拾捌萬元、開辦費壹萬元，令由監察院飭知審計部先行簽發支付書。一面再由本部補編概算，送由貴處、主計處簽註意見；送請中央政治會議核定，編入概算，俾符手續去後，茲奉行政院一四零八號密指令內開：「呈悉。案經提出本院第一五九次會議議決，『照通常手續辦理』。已函請主計處迅予核轉中央政治會議核定矣。仰即知照。此令。」等因。查此項概算，二十二年度及二十三年度均經編送有案。計建築費核實估計拾捌萬元、開辦費壹萬元、經常費照東沙島觀象臺核定數目，全年度共陸萬柒千陸百拾柒員，惟尚未奉中央政治會議核定。茲奉前因，除編送該概算書二份，及附抄合同原文一份、圖樣一份，送請軍政部備查／主計處迅予核轉外，相應將前項概算書二份，並附抄合同原文，及圖樣各一份隨函送請貴處查收，迅與辦理以免延誤，至紉公誼／貴部察收備查，為荷。

此致

國民政府主計處

軍政部

## 概算說明書

## 建築海軍西沙島概算書總說明

查西沙群島地處海南要衝，久為外人所覬覦。事關國權、外交，疊經鈞部呈請行政院撥款建築。本年三月間，奉行政院第八一四號指令內開：「已令財政部查照前案，分期撥款，仰即知照。」本處現已繪圖並與陳椿記訂立建築合同，亟待撥款建築，約計三個月內可以竣工。茲編造該島建築費概算書並附抄合同原文，呈請核轉。

查西沙島觀象臺知建築費十八萬元、開辦費一萬元，以及經常費按照東沙臺核定預算。全年度計六萬七千六百十七元，均經列入本處廿二年度及廿三年度歲初臨時費暨經常費概算書，請轉核在案。

以上各項概算數目，均係核實開列，合併聲明。

察該島孤懸海外，為颶風從出之處，遽此使該處颶風方息，所以該臺建築應需之材料、人工暨日用淡水等，須立時鳩集，僱用專輪運送，若遲至立秋初，則又無船可僱，故必須此時開之，趕至本年七月底竣事。稍縱即逝，此所以急於領款也。

| 科目 | 預算 | 說明 |
| --- | --- | --- |
| 合計 | 190,000 | |
| 海軍西沙島建築費 | 190,000 | |
| 第一項　建築費 | 138,000 | |
| 第一目　建築費 | 115,000 | |
| 第一節　建築費 | 115,000 | 連工程師費用在內（附圖樣並合同） |
| 第二目　租運費 | 20,000 | |
| 第一節　租運費 | 20,000 | 租賃運輸輪船由上海出發計往來四次 |
| 第三目　電燈機並裝設費 | 2,000 | |
| 第一節　電燈機並裝設費 | 2,000 | |
| 第四目　傢俱 | 1,000 | |
| 第一節　傢俱 | 1,000 | |
| 第二項　購置費 | 49,500 | |
| 第一目　長短波電機各一座 | 47,000 | |
| 第一節　長短波電機各一座 | 47.000 | 長波收發報機係二個半啟羅劃脫；短波收報機係五百劃脫；鐵塔二座，高一百四十尺 |
| 第二目　電汽冷藏機並蒸汽機各一副 | 2,500 | |
| 第一節　電汽冷藏機一副 | 1,500 | |
| 第二節　蒸汽機一副 | 1,000 | |
| 第三項　醫藥費 | 500 | |
| 第一目　醫藥費 | 500 | |
| 第一節　醫藥費 | 500 | 此次赴島建築工匠等不下百數十人。事關人命安全不能不有先事報備 |
| 第四項　雜費 | 2,000 | |
| 第一目　雜支 | 1,000 | |
| 第一節　雜支 | 1,000 | |
| 第二目　臨時短波電臺預備費 | 1,000 | 該島應先設臨時電臺並僱發報員、機匠等以便通訊 |

**概算書提要**

**二十二年度國家歲出臨時門**

編製機關：海岸巡防處

| 科目 | | | | 預算 |
|---|---|---|---|---|
| 款 | 項 | 目 | 摘要 | |
| 1 | | | 海軍西沙島建築費 | 190,000 |
| | 1 | | 建築費 | 138,000 |
| | 2 | | 購置費 | 49,500 |
| | 3 | | 醫藥費 | 500 |
| | 4 | | 雜費 | 2,000 |
| | | | 合計 | 190,000 |

編製機關長官吳振南　會計主任陳鏡秋

**合同**

第一條　關於解釋文字意義者。稱承包人者，謂以個人或數人承包指定之工程，其職責所在並包括其繼承人法定代理人，及委任代表人等。

第二條　本合同所言承包工程，指工程上一切用品、監工、人工材料、器械及完成後條所指之工程。

第三條　此項工程指在西沙群島中之茂林島，位於北緯十六度五十分、東經一百十二度二十一分。建築觀象臺一座及其他一切工程，有如圖樣中所記載說明書所表示，或材料數量單所開列者。前項圖樣參考合同號數，冠有一九三四年第某號者，倘與說明書及材料數量單不符，或期間比例量度與所載大尺有異時，應以何者為準，由工程師決定之。

第四條　關於運送工料之交通並到達方法，以及為便於施工完工所需之一切臨時設備，承包人應熟諳情形，自行設法並須按照建築說明書、材料數量單或圖樣所指示之一切材料，備有充分之供給，以應建築之需。凡屬於本合同之事，應明瞭一切情形者，承包人不得諉為不知，如疏忽或失於查訪，將來於履行合同之完全條件，及建築說明書、材料數量單內之義務發生障礙時，承包人自任其責。

第五條　承包人應隨時備足款項，以應付人工材料（除已註明由雇用人供給者外）、器械工場為完成合同所必需之一切開支。

第六條　承包人運入或留在工廠內、或置在工場附近之一切材料、工具、器械等件，為工程上所應用者，在建築期內應作為雇用人之財產；但在完工後，如得有工程師之書面上同意，可以將其遷出。如承包人不依約完工，則一切此類工具、器械、材料即為雇用人之財產，雇用人得沒收或扣留、或出售之，不受承包人或其委託人之對抗、或要求。

第七條　一切工程，應用最精良之材料、人工或式樣。

第八條　凡工程上之界線、方位、水平面深淺及基地上之凹凸等，由工程師指定之至標桿、木樁、木釘、標誌、繩索、旗幟等件及一切建立此各件之人工、工具，均應由承包人備之。承包人對於此項布置之是否準確，自行負責審定，並應負工程上完工時之準確，與合同相符之責任。

第九條　承包人應做之工程，已詳載於建築說明書及圖樣之內工程上。應用材料之實數，其最近之估算數亦詳註於材料數量單。

第十條　如僱用人今承包人施工為圖樣所未指示，或為建築說明書、材料數量單所未載明、或與合同有關之工程，此項工程以下稱為（額外工），須由工程師簽發書面命令行之，方為有效。此種額外工應依照材料數量單或工價表所訂之數，付給工資；但如果不能依照上項單表所定，則應由工程師與承包人議定工價，以書面訂明。

第十一條　本合同內所有之全部工程，必需於簽訂本合同之日起，三個月以內完成之。

第十二條　如承包人於第十一條規定之限期內未能完工，則自期限屆滿之日起，至工程全完日日止，每日賠償雇用人損失費，國幣壹百元，雇用人並得自由扣留。此後，應付承包人之款項，或在其中扣除上述賠償損失費、或向承包人索取，補足其數。

第十三條　承包人自完工日起，二十四個月之內仍應負修理，並保全該項工程於完好狀態之責任；並應繳納壹萬元之保單，以擔保賠償該項工程，或經颶風毀壞之損失。

第十四條　承包人運送一切材料至茂林島，應保水險。至對於工場上之建築物及一切材料，應自備保費，向雇用人所核准之保險公司，盡值投保火險。其保險單及保費收據或更換之新保險單，均應交雇用人收執；如承包人不能應付保險費、更換新保險單，工程師得代為付款更換之，此款即憑收據向承包人扣還。

第十五條　工程進行之中，如有工人罷工或怠工，絕對憑工程師決定，於任為有理由之際，許其酌寬限期；但承包人不得以此種罷工、怠工而希圖卸責。

第十六條　本合同議定之價，即應給予承包人者，其數如下：

總數國幣拾參萬捌千元。簽訂合同後，應付捌萬元，觀象臺覆蓋屋頂時，應付貳萬捌千元，所餘之三萬元於完工日付給。

本合同於前項條文實行之時，發生效力。

中華民國二十三年四月三十日

承包人　上海陳椿記營造廠廠主

陳椿源

僱用人　海軍部代表

海軍部海政司司長許繼祥

**附件**

建設觀象臺一座於茂林島，其合同範圍如下：

（甲）茂林島位於西沙島北緯十六度五十分、東經一百十二度二十一分。在該島建設觀象臺一座，由承包人包攬，依照圖樣及建築說明書暨材料數量清單所指示各項調館建造，並將材料備齊堆存。

（乙）各種材料須裝載於合宜之船，運送至茂林島。

（丙）為卸載材料至島上必要之人工，以及為先做地盤兼建築房屋之人工，及監工頭目等，均由承包人備辦。

（丁）運送材料及人伕等至茂林，所需之水腳由承包人擔任。又在建築期內供給此項人伕之飲食、居住，自上海出發時起，至房屋工程點交，與僱用人驗收，而得有按照合同正式免除責任之證書為止。

（戊）建築材料自裝船之埠至茂林島起，須保海險。關於丙項承包人須知，在合同有效期間，負有供給飲料、食品、醫藥極度送往返之責。

數量：材料數量單內各項材料價目，包括一切做工裝配及螺絲釘等項在內，此項做工裝配及螺絲釘之費，承包人不得再行開列；在最後價格算出時，遇有必要材料數量，可以酌予加減。

碎石：須用核准之顏色，品質不可雜有鐵環及朽腐之物。

沙：須用淡水邊清潔之沙，其品質及粗細須經核准。

石灰：須用新燒之石灰或蠣殼灰，經燃透並篩淨者，存放乾燥地方，上加覆蓋。

水門汀：須用最上等之品質，或為經認可之製造廠之出品，並須研磨極細。在混和後七天內，須有每方英寸能受四百五十磅之拉力，品質須合於英國規定之標準。

膠泥及混凝土：

須用特製之盒量出，並在特築之六英寸、高三面圍塘內混和。

各種質料須拌和勻透，乾攪兩次、濕攪兩次。

濕攪須用水罐及停塵器。

混和之泥於使用時，已經開始凝結者，即須棄去，決不可用。

圍塘之數，須用若干，應先行決定。

基礎用之混凝土，以水門汀一成、沙二成及未篩之一寸大碎石四成混和。

表面用之混凝土，以水門汀一成、沙二成及未篩之碎石四成混和。

木料：在簽訂合同時，一切木料之件須經做就，上加覆蓋，妥為堆存至需用之時，乃取而裝配於各處。

玻璃：品質須經核准，重量為三十二安士。

下水管：全部屋簷水槽及下水管，均由承包人包裝。

此項下水管按照材料數量單所載價目，或可向廠棧採買。單上所開之價，包括裝設水槽、水管之一切零件。

所有剪切、銲接裝配，均由承包人辦理。

一切接縫，均用紅鉛油泥塗封嚴密，以免滲漏。

水槽托子，須用一英寸半厚者，其寬以合於鑲連下水管為杜。

托子及下水管耳柄，須用核准之式樣。

油漆：一切露在外面之木件，均須打磨光潔，以最上等之鉛粉及胡麻油熬成之油，油之內面。

木件刷油三遍、外面木件刷油四遍。

最初之一遍，須用紅鉛者。

每刷油一遍，須任其乾後，加以退光。

所油之色，須經核准，逐遍顏色加深，其最後完成之色須為標準之色。

黑漆：除安放混擬土內者外，一切鐵件均須搽淨，上加經核准之黑漆兩遍。

粉刷：屋頂及牆壁之外面，均須粉刷以下列之質料。

第一遍，水門汀十五磅、魚鰾膠或他種膠二磅，先將其膠以熱水兩咖侖溶化後，乃將水門汀加入攪拌勻透。

第二遍，石灰二十磅、膠兩磅、水兩咖侖，先溶膠於熱水內後，乃將石灰加入攪拌勻透。

上項質料，須於建築將次完工時備妥。

著色：一切房間須用核准之色著色三遍，並須慎選上好之刷子，以免末次之一遍顯露細痕。

屋頂所用之金屬件品，須為核准之廠家出品，其原來外塗之保護料須用火燒去之後，乃配合於混擬土內。

門楣窗檻：須在發送港埠依特定尺寸鑄就之。R. S. J.

電燈：觀象臺內各處，均須裝配電燈。

鹹水蒸餾器：在觀象臺附近另行建築鋼骨混擬土之屋，以備裝設鹹水蒸餾器。

傢俱：一切傢俱由香港或上海運入裝配，觀象臺內以可認為便利為準。

**材料數量單**

（甲）此項數量係依照圖樣及建築說明書概算估計。

（乙）如在工程進行中，發現數量有錯誤之處，應自合同所載之數量內或加、或減，予以更正。

（丙）凡額外工其性質為此單所未詳述者，應比照單內附載類似之工，計算工資。

（丁）承包人須按照材料數量單內各款綜計，將其總數填入合同。此項合同總數之變更，僅能依劇本單前項之規定辦理。茲依照（甲）項所明定之工程，將各種材料數量開列如左：

（一）首先開掘，勻平地盤，範圍內山石填泥、掘脫樹根、亂石，加做底腳工作，地盤計三百方、填高三尺、掘深二尺半。

（二）掘做底腳槽溝，用碎磚三和土鋪平，計四拾八方，連石灰用麻袋裝貳千肆百只，計重貳百噸。

（三）磚牆勒腳十寸厚，計拾參方，用繩捆裝運，計貳千參百捆，計重四十五噸。

（四）快燥水門汀鋼骨三和土地大料，計貳拾五方，每方重捌噸半，用蔴袋及扎件裝，計重貳百噸。

（五）水門汀鋼骨三和土柱子大料、屋面、板牆等，計壹百拾伍方，每方重捌頓半，用蔴袋捌千柒百只，裝盛及札件並用桶裝，計重玖百柒拾柒噸半。

（六）水門汀、灰沙、粉刷，計壹百八十八方，用蔴袋及桶裝，計五百六十五只，計重九十噸。

（七）紙筋、灰沙，用於裡牆及乎頂，計貳百方，用蔴袋裝，計四百只，計重貳拾壹頓。

（八）鋼門鋼窗，計五十七堂，連玻璃裝件及箱，計重貳噸半。

（九）木洋門四堂，扶梯全部。

（十）水流出水管子，計一噸半。

（十一）木床（白鴿籠上下舖），計四十四張，連椰棕絲褥貳十張，計重壹頓。

（十二）裝購自來水備工人吃水，預備工人壹百十六名，每名五磅，每天五百八十磅，計壹百貳拾天，共計六萬九千六百磅，用新作馬口鐵箱貳千壹百五拾聽裝，計重參十壹頓。

（十三）裝購自來水備做工程上，用計和水門汀、粉刷、三和土磚、三和土砌牆、腳灰沙等，用舊火油箱壹萬貳千八百五十只裝運，計重壹百八十六噸。

（十四）鋼骨，計捌頓。

（十五）臺內各處裝置電燈全副。

（十六）鹹水蒸餾器全副

（十七）臺內各處傢俱全副

## 海軍部函茲派西沙臺測候人員鄭國英等前往實習迄項儀器請賜予指導

日期：民國 23 年 5 月 15 日（1934 年 5 月 15 日）

案准五月十日，貴院第七五一號函，以：「西沙島氣象儀器業由氣象研究所籌備，該臺測候人員如已派定，可否先期到所實習，請核復。」等因。茲派鄭國英、羅孝珪、周宗祺、彭常暉等四員前往實習，請煩察照，賜予指導，至紉公誼。

此致

國立中央研究院

## 海政司函建築西沙島觀象臺概算書業經備文分送主計處軍政部在案

日期：民國 23 年 5 月 15 日（1934 年 5 月 15 日）

查建築西沙島觀象臺概算書業經備文分送主計處、軍政部在案。茲特照抄原文一份，並概算書一份送請貴處存查，為荷。

此致

經理處

海政司啟

五、一五

## 海政司函積欠德商西門子洋行無線電機案

日期：民國 23 年 5 月 15 日（1934 年 5 月 15 日）

案查貴處函送經理處積欠德商西門子洋行無線電機案內，有半啟羅落地無線電臺一座，價值美金五千三百元。又一啟羅火花式發報機一具，價值美金二千元。茲准貴處五月十二日復函，以：「加購之半啟羅劃脫火花式電機一副，因款項分文未交，迄未提取到處，至今仍存該公司，現若啟用此機，須備現款美金五千三百元，方可提取，且逐年利息尚未計算在內。」等由。查該項電機既未提取到處，何以列在外債表內，且表內亦未聲明該機仍存公司。事關清理外債，相應函請詳細查明見復，為荷。

此致

海岸巡防處

海政司啟

五、十五

## 財政部函建築西沙島無線電觀象臺經費支付書暫存

日期：民國 23 年 5 月 16 日（1934 年 5 月 16 日）

案查貴部建築西沙島無線電觀象臺經費，業經本部填發直字第五零零八號支付書送簽，並抄院令函送審計部查核在案。茲准審計部來函以：「此項文件，無案可稽，檢送原件，請照修正預算章程地卅九條辦理。」等由前來。除將該支付書暫存外，相應函請查照辦理，為荷。

此致

海軍部

財政部長孔祥熙

## 海軍部呈建築西沙島觀象臺概算書及合同圖樣經已送請主計處核辦現情形危迫懇飭財部先行墊撥乞鑒核

日期：民國 23 年 5 月 17 日（1934 年 5 月 17 日）

呈為呈請事，案准財政部第三二二三號公函開：「案查貴部建築西沙島無線電觀象臺經費，業經本部填發直字第五零零八號支付書送簽，並抄院令函送審計部查核在案。茲准審計部來函，以：『此項文件，無案可稽，檢送原件，請照修正預算章程地卅九條辦理」等由前來。除將該支付書暫存外，相應函請查照辦理。」等由。查建築西沙茂林島觀象臺關係國防主權，前奉鈞院指令辦理，因恐遲至秋初，颶風暴烈，工程及運輸無法辦理，必須趕至本年七月底竣工。上月廿四日，財政部發到支付書捌萬元後，經於上月三十日，與上海陳椿記營造廠咨訂建築契約，現據該廠報告所有材料、人工業經齊備。至該臺無線電建設並與上海大華無線電公司商訂一切。其觀象儀器亦經國立中央研究院函允擔任撥給，並由本部派送觀象人員前往該院氣象研究所實習。事機危迫，確有特殊應急情形。茲准財政部轉據審計部所稱，亦知本部建築該臺情形緊迫，現本部業將建築該臺之概算書及合同、圖樣送請主計處核辦。惟領款輾轉，尚恐仍需時日，致誤時機，擬請飭下財政部暫行挪撥現款，以應急需，一俟主計處辦妥手續後，即行歸墊。是否有當，理合呈請鑒核施行，並乞指令指遵。

謹呈

行政院院長

海軍部部長陳〇〇

## 海軍部海政司函建築西沙島觀象臺所有無線電機件現已決定向上海大華無線電公司訂購

日期：民國 23 年 5 月 17 日（1934 年 5 月 17 日）

逕啟者：

關於建築西沙島觀象臺一事，所有無線電機件現已決定向上海大華無線電公司訂購，該公司即將派員來部簽訂合同。關於技術事宜，屆時擬請臺端來京商洽一切，俾臻妥善，為荷。

此致

盧主任文湘

海政司啟

五、十七

## 國立中央研究院函復已轉知本院氣象研究所即請鄭國英等逕赴氣象臺實習請查照由

日期：民國 23 年 5 月 17 日（1934 年 5 月 17 日）

逕復者：

頃准貴部第三二五零號公函，事由為：「茲派西沙臺測候人員鄭國英等前往實習氣象儀器，請賜予指導。」等由；准此，除函轉本院氣象研究所知照外，相應函復，即請查照，轉知鄭國英等四員逕赴該研究所氣象臺（本京北極閣）實習，為荷。

此致

海軍部

院長蔡元培

## 海岸巡防處函西沙觀象臺概算書存案備查

日期：民國 23 年 5 月 18 日（1934 年 5 月 18 日）

准貴司五月十五號來函，並附西沙觀象臺概算書一份，祇悉。除存案備查外，相應函復，即希查照，為荷。

此致

海軍部海政司

海軍部海岸巡防處啟

五月十八日

## 海岸巡防處函復積欠德商西門子洋行無線電機案

日期：民國 23 年 5 月 18 日（1934 年 5 月 18 日）

案准貴司五月十五來函，以：「加購之半啟羅劃脫火花式電機一副，既未提取到處，何以在外債表內，且表內尚未聲明，應即查明見復。」等由；准此，查本處列表時，因此項機器業與外商有約購定，祇以無款交付，故仍存該公司，未能提取。現在財部如可清理，則上項機器仍應提取到處，職是之故，似應列於外債表內。至於未聲明一節，因恐聲明之後，轉於將來提貨償款發生障礙，故未聲明。茲准函示前因，如有聲明必要，擬請貴司設法加注，並祈賜復，以便將底稿一併更正，是為至荷。

此致

海軍部海政司

海軍部海岸巡防處啟

五月十八日

## 主計處函西沙島設立觀象臺費用呈請國民政府核轉中央政治會議專案審核

日期：民國 23 年 5 月 21 日（1934 年 5 月 21 日）

案准行政院第一零九八函，以：「貴部關於西沙島設立觀象臺建築費十八萬、開辦費一萬元一案，經提出本院會議議決，「照通常手續辦理」。請迅予核轉中央政治會議核實，以便動支。」等因。正核辦間，准貴部第三二一三號函送西沙島建築費概算書二份、估單、圖樣各一份前來。業經本處審查完竣，除附具審查意見，並檢同原送概算書及估單、圖樣等件，呈請國民政府核轉中央政治會議專案審核；並函復行政院外，相應函達查照。

此致

海軍部

## 主計處密函復西沙島建築費概算書估單圖樣已呈請國府核轉中政會專案核定

日期：民國 23 年 5 月 21 日（1934 年 5 月 21 日）

案准行政院第一零九八號公函，以：「貴部關於西沙島設立觀象臺建築費十八萬元、開辦費一萬元一案，經提出本院會議決議，「照通常手續辦理」。請迅予核轉中央政治會議核定，以便動支。」等因。正核辦間，准貴部第三二一三函送西沙島建築費概算書二份、估單、圖樣各一份前來，業經本處審查完竣。除附具審查意見，並檢同原送概算書及估單、圖樣等件，呈請國民政府核轉中央政治會議專案核定，並函復行政院外，相應函達查照。

此致

海軍部

## 海軍江南造船所函關於西沙觀象臺安裝無線電機件事

日期：民國 23 年 5 月 21 日（1934 年 5 月 21 日）

屏翁司長鈞鑒：

昨由大華公司轉到臺函，誦悉一事。關於西沙觀象臺安裝無線電機件事，前曾蒙貴司飭交敝處估價承辦，湘以時間匆促，訂購材料趕辦不及，加以岸臺裝法素少經驗，迭電大部推辭，嗣獲邀准，感激無量。茲該機件既經決定向大華公司訂購，則該公司以其歷來承裝海關各電臺經驗既富，材料復備，自無延誤及不妥之處。所云簽訂合同，關於技術事宜，辱承垂盼，擬召赴京商洽，湘何敢辭；奈以年來多病，心力交虧，晝有所勞、夜則不寐，京滬跋涉既無補於事，且深慮舊疾復發無已，敢懇俯諒下情，俾得擺脫此事，不勝盼禱之至。

耑肅，敬叩　崇安

晚盧文湘謹上

五月廿一日

## 大華無線電股份兩合公司函西沙島電臺合同事

日期：民國 23 年 5 月 28 日（1934 年 5 月 28 日）

敬啟者：

前於本月二十一日奉致蕪函第二八四七號去後，迄無消息，深為懸念。查西沙島電臺建築日期，距離颶風季候日益迫進，敝公司因尚未正式簽訂合同，關於（一）向外洋訂購機件及，（二）聘請報務員（即隨帶一百華脫短波機與陳椿記同舟出發者），均不敢單獨進行。恐再延擱，勢必不能如期趕製，有負大部設計之初衷，敝公司殊難負此重責也。究定何日簽訂合同，望速賜示並望派定貴方負責工程師權商工程問題，備作本合同之一部份。事在速行，至希尊裁，為禱。

此致

海軍部海政司司長許

大華無線電公司敬啟

## 上海市商會快郵代電陳椿記營造廠承建西沙島無線電觀象臺訂約後人工材料均已備齊款項尚未付乞速核撥

日期：民國 23 年 6 月 1 日（1934 年 6 月 1 日）

南京海軍部鈞鑒：

本月一日據陳椿記營造廠函稱：「本年四月間，由海軍部海政司司長許繼祥出示行政院指令海軍部第八一四號內開：『呈為建築西沙島無線電觀象臺萬難再緩，請核示由，呈悉。已令行財政部查照前案，分期撥款矣。仰即知照。此令。』又出示財政部四月二十四日咨海軍部，附送支付書捌萬元；又出示海軍部令該司長進行辦理建築西沙島無線電觀象臺訓令。當與本廠商洽建築事宜，經於四月三十日簽訂合同，限於七月底完工。因該處係屬海外孤島，所有人工材料、淡水、食物均須預先在申備齊，專輪運往，方克施工。而期限又復短促，故本廠於簽訂合同時，因見有上項各文件，雖未經收到該項定洋，業經先將應用人工材料、淡水、食物等項預為備齊。詎料合同雖訂明於最短期間內，即行撥款，乃迄今時逾一月，經屢次函催均無確實答復，上月三十日據海政司司長復稱：『該款須俟中央政治會議通過，由審計部核簽，方得撥付，迄今猶未經此項手續，以致未能付給』等語，似此拖延，與原訂合同意旨相遠。且本廠因一切預備施工事宜，已費不貲，倘再拖延勢必發生損害，諸多困難，再四思維。惟有懇請貴會據情轉電行政院暨海軍部，迅賜查核照撥，無任感盼之至。」等語到部。查西沙島建築無線電觀象臺一案，當時既奉院令行知財政部查照前案分期撥款，並由財政部咨送海部支付書，計款捌萬元，始由鈞部飭司與該營造廠訂立合同，是款項早有著落，何以此時忽然諉稱款須中政會通過，方能照付。況權益係屬對待一方，限令該營造廠於七月底建築完工，而一方應付之款並不能迅即撥付，該項合同亦何能責其而履行。該營造廠訂立承攬契約，祇知各照原約辦理，對於官廳內部撥款手續本無顧問之必要，即使另有其他情形，而約已訂立，事難中止，亦應由主管部將應撥工款設法先行墊付，庶免延誤要工。事關信用，務祈鈞部鑒核，立予轉飭照付，曷勝迫切待命之至。

上海市商會叩

東

## 海政司函西沙觀象臺無線電機請貴公司先行籌備

日期：民國 23 年 6 月 1 日（1934 年 6 月 1 日）

逕復者：

准五月二十八日來函，備悉。查貴公司所開西沙觀象臺應用之長、短波無線電機及價目，前由江南造船所審核，尚無異議。經列入西沙島建築費概算書內，送請國民政府主計處審查。五月二十一日准該處函開：「業經審查完竣，呈請國民政府核轉中央政治會議專案核定。」等由在案。此項建設事在必行，應請貴公司先行籌備。相應函復查照。

此致

大華無線電股份兩合公司

許繼○

六月一日

## 軍委會機要室函關於虞和德電陳西沙島建臺簽約後迄未撥款各節奉委座批交海軍部簽復請查照辦理

日期：民國 23 年 6 月 25 日（1934 年 6 月 25 日）

茲附上上海虞和德漾電乙件，奉委座親批，「抄交海軍部簽復」等語；相應錄奉，請查照辦理。

此致

海軍部部長陳

國民政府軍事委員會機要室啟

六、廿三

### 上海虞和德漾電

日期：民國 23 年 6 月 23 日（1934 年 6 月 23 日）

蔣委員長鈞鑒：

西沙群島觀象臺本年四月間，行政院令海軍部與上海陳椿記營造廠簽約建臺，限七月底完工。自簽約後，逾一月逾迄未撥款。該廠因西沙島所有工料，均須在申預備專輪送往，需費甚急，經該廠請求上海市商會於本月一日電請行政院、海軍部示遵，未蒙批復。查該島關係國防主權，建築是臺實不容緩。為電請鈞座主持，迅咨行政院令海軍部批復施行，不勝企禱。

虞和德叩

漾印

### 海軍部呈復擬請建設西沙觀象臺詳細經過及其延擱原因如何辦理乞鈞裁示遵

日期：民國 23 年 6 月 30 日（1934 年 6 月 30 日）

竊奉六月二十五日鈞會機要室函開：「茲附上海虞和德漾電一件，奉委座親批『抄交海軍部簽復』等語；相應錄奉請查照辦理。」等因；附抄電一件。奉此，查西沙領土關係國權、外交，民國十四年夏間，經前海軍部提出閣議通過，即在該島設立觀象臺在案。十九年六月間，本部准行政院秘書處函知：「廣東省政府呈請籌建西沙觀象臺一案，奉交海軍、交通兩部。」等因；經於十九年七月四日，會同交通部呈請行政院，轉呈國民政府飭下財政部，迅將估計應需建築該島無線電觀象臺等費十八萬元，按期撥款，以資興建。嗣奉行政院指令：

「准照兩部所呈。已轉呈國府並令行財政部及廣東省政府遵照。」等因。當由本部編造預算，並項財政部接洽領款。嗣因財政部未即照撥，以致延未建設。二十一年三月間，本部准外交部咨，以：「該島領土問題，法外部竟稱多年以前，安南嘉隆王曾在該島樹碑建塔，主張安南之先有權，照請我國依法解釋。」等由。本部因見東沙設臺，領土問題即經解決，西沙尚待設臺，而法人引無稽之說，意圖占據，復於二十一年四月一日密呈行政院，以該島設臺關係外交甚鉅，及今不圖，後患殊難設想，仍請飭令財政部查案撥款。旋奉行政院四月四日密指令內開「呈悉。此案經提出本院第十八次會議議決，轉令於六個月內，分期撥定，以資興辦。除令財政部遵照辦理外，仰即知照。此令。」等因。當經咨請財政部照撥，並計畫進行一切，旋准財政部來咨，仍以：「財政竭蹶，無款可撥，業經據情呈復。」等由；是以該島設臺停頓至今，未由著手建設。本年五月七日，滬京各報登載，「最近法報鼓吹進占西沙群島，其最大理由，則因西沙群島為夏秋颶風進襲安南之必經之路，該島未有氣象臺設置，安南一帶是先不得氣象報告，無從準備，故非及時占領，實難施展。」等語。本部權衡危急事勢，建設該臺誠屬萬難再緩。復於本年三月九日，據情轉呈行政院核示。嗣奉三月十九日指令內內開：「呈悉。已令財政部查照前案，分期撥款矣。仰即知照。此令。」等因，本部當即咨請財政部照撥。嗣由財政部先行撥發八萬元支付書一紙，咨送到部。當即與上海陳椿記營造廠簽訂建築合同，旋因礙於審計手續，此款致未領出。而財政部嗣又來函，以：「准審計部來函，以此次文件無案可稽，檢還原支付書，請照修正預算章程第三十九條辦理。」等由，本部復於五月一日呈請行政院以該島孤懸海外，為颶風從出之途，交通既為不便，運輸自見困難。所有該臺建築應需之材料人工，暨日用淡水等，均須立時鳩集，僱用專船運送。此時該處颶風甫息，若遲至秋初，則又無船可僱，故必須此時開工，趕至本年七月底竣事。若照法定手續，須俟該預算核定後，審計部始可簽發支付書，實已緩不濟急。擬請體察外交情勢，按照修正預算章程第三十九條規定，提經中央政治會議議決，對此建築費十八萬元、開辦費一萬元等，由監察院飭知審計部先行撥發支付書。一面由本部補編預算分送軍政部、主計處，以符手續。嗣奉行政院五月十日密指令內開：「呈悉。案經提出本院第一五九次會議議決，『照通常手續辦理』。已函請主計處迅予核轉中央政治會議核定矣。仰即知照。此令。」等因。嗣接五月二十一日密函，以：「西沙島建築費概算書、估單、圖樣已呈請國民政府核轉中央政治會議核定。除函復行政院外，請查照等由。」現中政會當未提出會議，致此案懸擱至今。至陳椿記營造廠據報，確已鳩集工料。但此項建築經費延未撥復，本部無從設法進行。此事延擱原因，實由財政部撥款之遲滯，與審計方面手續之牽掣。虞和德所述西沙島關係國防主權，建臺難緩一節，確屬實情。亦可見該島設臺之舉，為滬上商民所屬望，本部早已籌及，第為事勢所格，殊為引憾。謹將所有經過情形，僂晰詳塵。現應如何辦理，尚乞鈞裁示指遵。

謹呈

軍事委員會委員長蔣

海軍部部長陳○○

## 財政部咨詳將西沙島籌設觀象臺詳細計劃及預算檢送參考

日期：民國 23 年 7 月 7 日（1934 年 7 月 7 日）

案查關於西沙島籌設觀象臺一事，前由貴部主持辦理在案。此項詳細計畫及概算，想已籌有端緒。相應咨請檢賜全份過部，以資參考，至紉公誼。

此咨

海軍部

財政部長孔祥熙

## 海軍部咨西沙島籌設觀象臺一事其中文件頗多除另行派員檢送閱畢交還外咨復查照

日期：民國 23 年 7 月 10 日（1934 年 7 月 10 日）

案准貴部關字第六五二三號咨開：「案查關於在西沙島籌設觀象臺一事，前由貴部主持辦理在案。此項詳細計畫及概算，想已籌有端緒，咨請檢賜全份過部，以資參考。」等因；准此，查此案全部文件頗多，除另行派員送達，閱畢請檢還外，相應咨復查照。

此咨

財政部

海軍部部長陳○○

## 大華無線電股份兩合公司函西沙觀象臺無線電機籌備費用應請大部負責

日期：民國 23 年 9 月 19 日（1934 年 9 月 19 日）

敬啟者：

案據大部六月一日來函內開：「准五月二十八日來函，備悉。查貴公司所開西沙觀象臺應用之長、短波無線電機及價目，前由江南造船所審核，尚無異議。經列入西沙島建築費概算書內，送請國民政府主計處審查。五月二十一日准該處函開：『業經審查完竣，呈請國民政府核轉中央政治會議專案核定。』等由在案。此項建設事在必行，應請貴公司先行籌備。相應函復查照。」等語。敝公司當時即著手籌備。一面向外洋定購機件，一面即開始進行工作，乃迄今數月尚未接大部確實定購之表示，敝公司為籌備此項工程而生各項損失，倘將來不幸大部撤消此項建設時，則此項籌備費用應請大部負責。如何之處，祇候示復，專函佈達。

此致

海軍部海政司

大華無線電公司敬啟

## 大華無線電股份兩合公司函前接海政司來函囑將西沙觀象臺無線電機先行籌備一案所有損失款項應由部賠償請見復

日期：民國 24 年 7 月 29 日（1935 年 7 月 29 日）

敬啟者：

按據接去年六月一日貴部海政司許司長來函，內開：

「逕復者：准五月二十八日來函，備悉。查貴公司所開西沙觀象臺應用之長、短波無線電機及價目，前由江南造船所審核，尚無異議。經列入西沙島建築費概算書內，送請國民政府主計處審查，五月二十一日准該處函：『業經審查完竣，呈請國民政府核轉中央政治會議專案核定。』等由在案。此項建設事在必行，應請貴公司先行籌備。相應函復查照。」等因；奉此，敝公司當即向上海金城銀行購定美金壹萬元，為購買此項機器一部分之用。詎候至去年十月，尚未經貴部確實訂購，而該銀行屢次催促結帳，迫不得已，結至十月三日為止，敝公司損失款項，計洋參仟陸佰捌拾柒元肆角貳分。此項損失，應由貴部負責賠償，專函奉達，佇候惠復，為荷。

此致

海軍部部長陳

大華無線電公司謹啟

## 海軍部批海政司函達籌備西沙無線電機一節並無訂立合同本部不負責任

日期：民國 24 年 8 月 3 日（1935 年 8 月 3 日）

原具呈人大華無線電公司

呈一件。前據海政司來函，囑將西沙觀象臺無線電機先行籌備一案，所有損失應負責賠償由函，呈悉。查所稱各節，本部無案可稽，且未訂立合同，該公司有否預算美金情事，係公司內部營業計畫，本部不負責任。

此批

部長陳○○

## 大華無線電股份兩合公司函前函所詢西沙島電臺建築事乞迅賜答復

日期：民國 24 年 12 月 4 日（1935 年 12 月 4 日）

敬啟者：

十一月十三日寄，奉蕪函諒達，記室未蒙賜復，至以為念。西沙島電臺建築事至今竟寂無消息，雖經敝公司屢次函詢，迄無確實答復。敝公司為籌備此項工程所生之損失，當有相當補救辦法，特再函達，務懇賜予答復，祈勿再延，至紉公誼。

此致

海軍部陳部長

大華無線電公司謹啟

## 海軍部批據稱函詢西沙島電臺建築事業於八月三日批復在案仰即知照

日期：民國 24 年 12 月 6 日（1935 年 12 月 6 日）

原具呈人大華無線電公司

呈一件。據稱十一月十三日函詢西沙島電臺建築事，乞賜答復由函，呈悉。查該公司稱有十一月十三日來函，本部並未收到。至七月廿九日呈函所陳各節，業於八月三日批復在案，仰即知照。

此批

部長陳○○

## 大華無線電股份兩合公司函關於公司因西沙島建築電臺所受損失事本月七日又上一函未承答復請迅示妥善辦法

日期：民國 24 年 12 月 20 日（1935 年 12 月 20 日）

敬啟者：

關於西沙島電臺建築，敝公司所受損失事，前曾屢函詢問，未蒙切實賜復。本月七日又上一函詳述經過，並乞大部負責賜予確實答復，又復杳無消息，政府機關當不至有意使商家受虧；但大部似此視若無覩，敝公司實難緘默，特再迅示妥善辦法，勿任一再延宕，至紉公誼。

此致

海軍部陳部長

大華無線電公司敬啟

## 海軍部批復來函詢問西沙島建臺事妥善辦法已據分別批復仰即知照

日期：民國 24 年 12 月 23 日（1935 年 12 月 23 日）

原具呈人大華無線電公司

呈一件。據稱本月七日函詢西沙島電臺建築事，未承答復，請迅示妥善辦法由函，呈悉。查該公司稱有本月七日來函，本部並未收到。至七月廿九日及本月四日呈函所稱各節，業於八月三日及本月六日批復在案。仰即知照。

此批

部長陳○○

## 東沙、西沙、南沙三島情形説明書

日期：不詳

### 一、東沙島

該島在香港南偏東五十六度，按海圖方位為東經一百一十六度四十三分、北緯二十度四十二分，孤懸海外與大陸相隔。其最近者為香港，計一百六十二海里，面積按圖計算約一千七百餘畝之大，素為我國漁民居留地，嗣被日人占領，清宣統初年復由我國派員履勘收為我國領土。島上森林叢茂，密蔭成陰，昆蟲鳥類產若，陸地地質飲料亦合居人，氣候較熱。島中原築有輕便鐵道及碼頭，又茅屋數椽、古廟一座。島之周濱水較淺，其底均係珊瑚、白沙之類。島最高之地，過海平面甚低，故無論陰晴皆如在煙霧之中，航輪雖都遠避之，而漁船則常失慎於此。自建設觀象臺及航海燈塔以來，中外咸稱便利。

### 二、西沙島

該群島於海圖中分為三組，共十三島，約居東經一百一十一度一十三分至一百一十二度四十七分及北緯一十五度四十六分至一十七度零七分之間，於前清光緒、宣統之交，特派軍艦前往立碑、升旗、鳴炮、自後航海各書均認為我國領土。前為選擇適宜建築之地起見，曾經察勘一次，以十三島中之茂林島（Woody Island）為最適合，該島在海南島之東南，居東經一百一十二度二十一分、北緯一十六度五十分，長闊約一英里，環島之濱盡係白沙，島中樹木茂盛、群鳥翔集，有鋼質碼頭一座，長約七百餘尺，現聞已損壞；島南各深六托（Fathom）內有新屋數間，輕便鐵道三道，為日人侵取海產之用。其位置較東沙島尤南，故氣候倍熱。島中叢林夏可蔽日、冬可禦風；島北地高五十尺，可造航海燈塔，對於航線及風警上其地勢之險要尤甚於東沙島，故實有建設觀象臺之必要，但建設以前仍應復行詳勘現狀。

**三、南沙島**

該地在航海各書通稱為密克勒斯費灘（Macelesfield Bank），經英輪密克勒司費（Macelesfield）號於西歷一七零七年發覺，亦為我國之領土。於一八九二年至一八九三年由英海軍Penguin 艦及Egeria 艦前往作局部測量，覺該灘為珊瑚質，突出於深水中生長迅速；居東經一百一十三度四十分至一百一十四度五十七分，及北緯一十五度二十四分至一十六度一十五分之間，長約七十五英里，闊約三十三英里，為一暗灘之區。其大部分之深度約四十托，環灘之濱深度較淺，約七至十四托，灘座綿長約二百英里，皆生有三英里闊之珊瑚。其灘外，海洋底則為軟泥，周圍約一千三百托，灘面之南為垂直型灘，西極險峻；灘北則形斜坡，濱有深四十至五十托之航路，可直達灘之中部；灘之東北有六托半深度之地，在澤湖，曰Walker Shoal，其中則有五托深度之地是為該處最淺之地，臨高視之，全部水呈綠色，可一望而知為淺灘；當天氣惡劣之時，該處海平面狀況由為險惡；灘之西部中區則未作完全測驗，其中或有礁灘出沒，故航海者祇能經過該灘東、西兩面，不能航經其中部。但距今又數十載，以珊瑚按年遞長之性質推測，現必有疊聚成島之可能，故附近漁民傳說該礁之西部曾發現島嶼若隱若現，現今遠東氣象會議之提議建設該島者，或即以此也。查該地為於東京灣入海之口，法屬印度支那之東與東沙、西沙島勢成鼎足，為英、美、法三國屬地航線之要衝，故建設觀象臺、燈塔等事實為海上公安切要之圖。惟該灘西部一區未經測量建設之前，必要先作精密之測量及詳細之履勘，然後方能確定計畫。

附東沙、西沙、南沙三島形勢圖一幅（略）

# 三　西沙群島主權爭議（1932-1937）

## （一）國軍檔案

原案單位：海軍總部

典藏單位：國家發展委員會檔案管理局

### 外交部咨七洲島問題案請將關於該島史乘及圖籍詳細抄示

日期：民國 21 年 3 月 14 日（1932 年 3 月 14 日）

為咨請事。案據駐法使館呈稱：「准法外部節略，稱：『七洲島向屬安南王國，據安南歷史所載一八一六年安南嘉隆王正式管領該島並樹立旗幟。一八三五年，明命王復遣人至該島建塔及石碑。一八九八年，「Bellona」及「Unoji Maru」兩船沉沒，中國漁人竊售船身破銅，駐瓊州海口英領向中國政府抗議，並請懲治罪犯，中國政府答稱七洲島非中國領土，不由中國管轄等語；但近來中國方面對於安南在該島之主權有所懷疑，並以該島為中國所轄領，因此本部應請貴國使館注意安南對七洲島之先有權，甚望貴國政府與法政府共同解決此項問題，希望以法律上之解釋見復等因。理合呈請鑒核，訓示祇遵。」等情。查七洲島洋文為 Îles Paracels，華名西沙群島，亦名七洲洋，在東京灣入口之處距離安南海岸一百五十英里。又查一八八七年，中法越南續議界務專條第一條所載：「……至於海中各島，照兩國勘界大臣所劃紅線向南接畫，此線正過茶古社東邊山頭，即以該線為界。該線以東海中各島屬中國……云云。」本部現無事項界圖可資查考。事關領土主權，亟應詳細查明；相應咨請查明，如有關於該島之史乘暨圖籍，足以證明該島確為我國管領者，即希詳細抄示，為荷。

此咨

海軍部

外交部長羅文幹

## 海軍部咨復西沙群島為我國領土情形附目抄件請查照酌核辦理

日期：民國 21 年 3 月 29 日（1932 年 3 月 29 日）

為咨復事。准本月十四日貴部歐字第一三三五號咨開：「案據駐法使館呈稱：『准法外部節略稱，七洲島向屬安南王國，據安南歷史所載一八一六年安南嘉隆王正式管領該島並樹立旗幟。一八三五年，明命王復遣人至該島建塔及石碑。一八九八年，「Bellona」及「Unoji Maru」兩船沉沒，中國漁人竊售船身破銅，駐瓊州海口英領向中國政府抗議，並請懲治罪犯，中國政府答稱七洲島非中國領土，不由中國管轄等語；但近來中國方面對於安南在該島之主權有所懷疑，並以該島為中國所轄領，因此本部應請貴國使館注意安南對七洲島之先有權，甚望貴國政府與法政府共同解決此項問題，希望以法律上之解釋見復等因。理合呈請鑒核，訓示祇遵。』等情。查七洲島洋文為 Îles Paracels，華名西沙群島，亦名七洲洋，在東京灣入口之處距離安南海岸一百五十英里。又查一八八七年，中法越南續議界務專條第一條所載：『……至於海中各島，照兩國勘界大臣所劃紅線向南接畫，此線正過茶古社東邊山頭，即以該線為界。該線以東海中各島屬中國……云云。』本部現無事項界圖可資查考。事關領土主權，亟應詳細查明；相應咨請查明，如有關於該島之史乘暨圖籍，足以證明該島確為我國管領者，即希詳細抄示。」等因。准此，查瓊崖（即海南）大島以東諸洲，其範圍在北緯十五度四十六分至十七度零七分、東經一百十一度十三分至一百十二度四十七分，皆係平沙不毛之地，星布海中，據海圖上之紀載，謂其為灘、為堤、為礁者，計十處；謂其為島者，計八處。統名曰西沙，其地在瓊崖之東，相距百四十五海里，安南海岸且在瓊崖之西，故相距較遠，計程一百八十海里所在之海，又係中國海Chinese Sea，覽圖便知其為中國領土。就交界劃線方法為之推測，查安南與廣東交界之處係以竹山地方為址，約在北緯二十一度三十分、東經一百零八度零二分，由此劃線向南接畫。據照一八八七年中法越南續議界務專條地一條所載，謂該線經過經過茶古社東邊山頭，海圖上無此地名，雖不可據，但畫線地點必由竹山交界處，由此遵海而南。無論如何接畫，而西沙遠在該線之東，中隔瓊崖大島，決不為之圜入也。該洲各地均係珊瑚沙質，除茂林島堆積鳥糞，可製肥料外，無殖民之價值，僅有瓊崖人在此採捕海產為業，相沿猶是以此孤荒之地遠距安南，從未聞有安南人在此居留，安南各王憑何利益關係來此樹碑、建塔。況萬年以前，安南係我藩屬，在此接近我國之境，私謀自由獨立管領，又係必無之事。今西沙有八處之多，所稱樹碑、建塔究在何島，果有其事，料所指必係西沙以外之別地無疑。查遠距大陸之島以何國人民住居其地，即為何國領土，瓊崖之人散處西沙，築廬而居，置舟而漁，有悠久之歷史。前清政府因東沙為日人所占，宣統二年夏間，即西曆一九零九年，廣東省政府即根據此種理由遣散日人離島，並派水師提督李準率同瓊崖地方官王仁棠等乘廣海軍艦至西沙之茂林島 Woody Island、林康 Lincoln Island 各地豎旗鳴砲，公或布告中外，此乃追證已往之事實；而英、美測量局所著之航海指南等書 *The China Sea Pilot*, Vol. III, page 60；*The Asiatic Pilot*, Vol. IV, page 119，謂西沙經中國政府於西曆一九零九年附入版圖，實係誤解。又宣統元年間，即一九零八年，關於西沙建設燈塔，以保航船安全一案，成為國際問題，經由海關轉據行業關係者之請求，呈請我政府建設燈塔，是國際間已認西沙屬我領土。又前年四月間，香港召集遠東觀象會議，安南觀象臺長法人勃魯遜 E. Bruzon、上海徐匯、法國觀象臺主任勞積勳 L. Froc 與會，亦公同請求我國代表在西沙建設觀象臺，國際公會對我西沙領有權又為公認可據。至所指一八九六年沉沒輪船一事，本部無案可稽，料為地方官吏誤會地點所致，究係前清時代之事，總之西沙僅有華人久居其間，即此一端依法律上之解釋，已屬我國領土，他國不得主張權利。再廣東政府現正經營東、西沙或另有史乘以補充證明，似亦由貴部一併咨請廣東省政府查明。准咨前因。相應咨復，即行酌核辦理，為荷。

此咨

外交部

海軍部長陳○○

## 外交部咨法國占領南海九小島是否即係西沙群島及島上有無我國人民居住請詳查見復

日期：民國 22 年 7 月 17 日（1933 年 7 月 17 日）

為咨請事。法國差遣輪 Alerte 及 Astrolabe 近將安南、菲島間九小島豎旗占領。該島位置，約當東經一百十五度、北緯十度，有中國漁民居住其上等語，究竟該小群島是否我國領土，有無專名，是否即係西沙群島（Îles Paracels），及島上現有無中國人民居住。相應咨請貴部詳細查明，並希見復，為荷。

此咨

海軍部

## 海軍部咨復報載法占各島似係西沙九島附抄各島距離經緯度請查照

日期：民國 22 年 7 月 19 日（1933 年 7 月 19 日）

為咨復事。准貴部本月十七日歐字第一三八七二號咨開：「據報法國差遣輪 Alerte 及 Astrolabe 近將安南、菲島間九小島豎旗，占領該島位置，約當東經一百十五度、北緯十度，有中國漁民居住其上等語；究竟該小群島是否我國領土，有無專名，是否即係西沙群島（Îles Paracels）及島上現有無中國人民居住。相應咨請貴部詳細查明，並希見復。」等由；准此，查東經一百十五度、北緯十度之地點係在菲島與安南之間並無九小島，其在菲島與安南之間近北海稱所有九島即係西沙群島 Îles Paracels，與瓊洲島相距密邇，各有經緯度之位置，海圖中為之分組。其稱為月形組，在 Crescent Group 有四島：曰羅擺特島 Robert Island、曰錢財島 Money Island、曰偪陶爾島 Pattle Island、曰都蘭莽島 Drummond Island。稱為海神組，在 Amphitrite Group 有三島：曰樹島 Tree Island、曰茂林島 Woody Island、曰石島 Rocky Island；其在該組之東在有一島，曰林康島 Linclon Island；其在該組之西南在有一島，曰土萊塘島 Triton Island。共計九島，各有專名，瓊崖之人散居各島捕魚為業，委係我國領土。前經本部於二十一年三月二十九日，以第一六三九號咨復貴部詳細說明在案，茲按照海圖所劃，將各該島位置之格林子午經緯度簡單隨覽外，相應咨復，祈查照，為荷。

此咨

外交部

## 海軍部函法國占領各島情形請查照迅予見復

日期：民國 22 年 7 月 27 日（1933 年 7 月 27 日）

逕啟者：

據報載法國在東經一百十五度、北緯十度之附近各島豎旗，占領該處各島。按照《中國海指南》（*China Sea Pilot*）及其他書籍、圖號是否我國領土，島上居留漁民係何國籍，及年號、歷史考證，案關外交、對外交涉，請煩查照迅予見復，為荷。

此致

海道測量局

## 海道測量局函茲摘錄梯薩及羅大水路誌一份並檢有關係之第二六六零號英水道圖一幅送請察閱

日期：民國 22 年 7 月 29 日（1933 年 7 月 29 日）

敬啟者：

准七月廿七日公函，開：「據報載法國在東經一百十五度、北緯十度之附近各島豎旗占領該處各島。按照《中國海指南》（*China Sea Pilot*）及其他書籍、圖說，是否我國領土，島上居留漁民係何國籍，有無歷史可證，案關外交對外交涉，請煩查明迅予見復。」等因。查東經一百十五度、北緯十度附近有梯薩（Tizard）、羅大（Loaita）等灘，內有小島，據英國所著中國海水路誌第三冊內載有海南漁人在該處採集龜殼，並居住等語。茲摘錄梯薩及羅大水路誌一份，並檢有關係之第二六六零號英水道圖一幅，送請察閱。又查西沙係在梯薩灘之西北向，約四百海里；特再錄該處水路誌一份，並呈檢字第九十四號英水道圖一幅，藉備參考。統希察收，為荷。

謹致

海政司司長許

海軍部海道測量局謹啟

## 外交部快郵代電報載日方圖占西沙群島請速派艦前往駐防並見復

日期：民國 22 年 8 月 2 日（1933 年 8 月 2 日）

海軍部密鑒：

關於法占菲律賓安南間各島事，本部根據各方報告似係 TIZARD BANK 島，非但其經緯度與西沙群島相距甚遠，即其中二島名稱與法政府宣布所占者適相吻合。頃據電通臺北三十一日電訊，「日本臺灣總督因法國政府以簡單之聲明，得以決定九島之屬籍，日本政府亦將以同樣手段占取與臺灣關係最深之西沙群島。」等語。查西沙群島其東北有東沙群島遙相對峙，為吾國廣東省領海二大群島之一，其位置在東經一百十度至一百十二度，及北緯十五度至十六度之間。貴部去年三月二十九日來咨確實引證為吾國領土，且有該島悠久之歷史，不得任何人占據。茲據報載日方圖占事實可虞，不得不事先防範，即希貴部火速派艦前往駐防，以免萬一，並希見復，為荷。

外交部

冬

## 海軍部咨請以外交方法預行設法制止

日期：民國 22 年 8 月 3 日（1933 年 8 月 3 日）

外交部密鑒：

冬代電敬悉。法國占領各島，經貴部根據各方報告，認為係名。按照中國指南所載，該島內有海南居民久居在該島營業，該書如此刊行，各國從無異議。海外之島係屬何國所有，以居住該島之人為憑，瓊崖地方政府當更有其他歷史資以證明，仍請繼續交涉，冀免失損。至西沙群島係屬我國領土，且有悠久之歷史，自非他國所得占領，今日本政府既有採用法占菲律賓、安南間各島手段，占取該島之消息，我國自應早為防範，尚請貴部以外交方法，預行設法制止，俾此事不至實現。如日本蠻不講理，則該國及臺灣均屬島岩，我國亦可採取同樣手段占取該國各島；相應電覆，即請查照，為荷。

海軍部

江

## 外交部咨查詢如有李準查勘西沙群島報告請抄送參考

日期：民國 22 年 8 月 16 日（1933 年 8 月 16 日）

關於西沙群島事，八月十日天津大公報社評：「據前清光緒三十三年，曾赴西沙群島一帶勘查之李直繩先生昨日向本報記者談稱：『法國所占各島中，似有彼往年查勘所及鳴砲豎旗之區。惜乎，遭際喪亂譯圖遽失，遽難考證。但當時既經呈報海陸兩部及軍機處有案，則此時調閱舊卷，當可將其真相，作交涉之根據云云。』」查李準呈報查勘西沙島情形，本部無案可稽。如貴部存有該項報告，即希抄寄一份，以便參考，為荷。

此咨

海軍部

外交部長羅文幹

## 海軍部咨據查李準查勘西沙群島報告本部調閱舊卷並無此案請查照由

日期：民國 22 年 8 月 17 日（1933 年 8 月 17 日）

案准貴部歐字第一四六三四號咨開：「關於西沙群島事，八月十日天津大公報社評：『據前清光緒三十三年，曾赴西沙群島一帶查勘之李直繩先生，昨日向本報記者談稱：『法國所占各島中，似有彼往年查勘所及鳴砲、豎桅之區。惜乎遭際喪亂，詳圖遺失，遽難考證。但當時既經呈報海陸兩部及軍機處有案，則此時調閱舊卷，當可得其真相，作交涉之根據云云。』查李準呈報查勘西沙島情形，本部無案可稽。如貴部存有該項報告，即希抄寄一份，以便參考。」等因。查海軍部成立於中華民國元年，前清光緒三十三年，為陸軍部海軍處，調閱舊卷，並無該項報告。其關於西沙群島中之茂林島 Woody Island 事件，僅有中華民國十五年八月二十四日，國務院公函海軍部，知照國務會議議決交外交部與日公使交涉，轉飭日人部得在該島經營各業一案。准咨前因，相應咨復，即祈查照，為荷。

此咨

外交部

## 海軍部函王仁棠巡海調查事

日期：民國 22 年 8 月 17 日（1933 年 8 月 17 日）

逕啟者：

法國占領菲律賓、安南各島事，根據各方報告，其位置在東經一百十五度、北緯十度之附近，係 TIZARD

BANK 島，與西沙群島位置之在東經一百十度至一百十二度，及北緯十五度至十六度之間，相距甚遠。據本月十五日《申報》特載，謂李直繩先生於光緒年間，巡海紀內包括該島，言之甚詳，並謂執事係以參贊名義隨行，究竟執事當日隨同巡海，曾否南行至東經一百十五度、北緯十度之附近 TIZARD BANK 島，並有無調查該島歷史。事關對外交涉，即希示復，為荷。

此致

王仁棠先生

海政司啟

八、一七

## 海政司函查遠東氣象會議事

日期：民國 22 年 9 月 1 日（1933 年 9 月 1 日）

關於西沙群島問題，本部頃准外交部咨法國政府照稱：「仝敘至，查照見復。」等由。查一九三零年遠東氣象之會，貴處曾派前東沙臺長沈有堪參加，當時港政府係以何種手續，通告遠東各臺參與會議，各臺代表是否代表各該國政府，貴處當有案卷可稽；至徐匯及海防天文臺與法政府有何關係，統祈密查，剋日見復，為荷。

此致

海岸巡防處

海政司啟

九月一日

**抄十九年四月四日上海軍部支代電**

部長鈞鑒：

頃據黃琇艷日函稱：「通濟昨日回港添裝煤水，琇於本午赴香港天文臺接洽交換氣象事件，據該臺長稱：『本年四月二十八日遠東氣象會議在香港舉行，業經函達沙臺邀請列席，並囑琇在港稍留，俟會議後再行赴島云云。』經琇達以此次係奉本部令乘通濟到臺，未便擅延等語；惟查遠東氣象會議最近二十年來，僅於民國五年在日本東京舉行一次，此次機會頗為難得，琇擬預備意見，托中央氣象研究所所長竺君可楨或青島觀象臺臺長蔣君丙然代為發表，抑由鈞部派沈臺長回港時，以前臺長名義代表出席，統候示遵。」等情。查此項會議係在本月二十八日，倘沈臺長日內即可到港，旅居費用必多，擬即電飭黃琇於竺、蔣二君內酌託一人，代將意見發表。是否有當，伏候電示飭遵。

吳振南叩

支

**抄海軍部陽代電**

吳淞防支代電悉。屆時應由拆處派員前往，可也。

海部

陽

**抄十九年七月四日呈海軍部文**

呈為呈送職處代理航警課課長沈有堪參加遠東氣象會議報告書，仰祈鑒核事。竊本年四月間香港舉行遠東氣象會議，曾奉鈞部陽代電開：「屆時由該處派員前往，可也。」等因；奉此，遵派職處代理航警課課長沈有堪前往參加，茲據該員報告會議經過情形並附表四件前來；理合檢同原報告書及附表四件，具文呈送，伏乞鑒核存查，實為公便。

謹呈

海軍部部長、次長

海軍部海岸巡防處處長吳振南

## 王仁棠復巡海調查事

日期：民國 22 年 9 月 11 日（1933 年 9 月 11 日）

敬復者：

棠於七月抄回籍省墓，昨日方返滬折閱司函，始悉為 Tizard 島事，下詢事關外交，竟為家人停滯至今，疎忽之愆尚希鑒諒。查《申報》所載完全屬於西沙島英文 Paracels，惟當時李直繩先生率同棠等查瓊南領海一帶，僅止此島未及其他。Tizard 島之屬我版圖似須另覓證據，其非即西沙島似可斷言，而況經緯度相差亦甚遠也。承蒙下旬，應將所知據實上覆，伏希垂察。

謹上

海政司司長

王仁棠謹復

九月十一日

## 法占九小島節略

日期：不詳

極密

聯合通訊社本年七月十四日報告：法國差遣輪 Alerte 及 Astrolabe 近將安南、菲島間九小島豎旗占領。該島位置，約當東經一百十五度、北緯十度，有中國漁民居住其上云云。

本部接到報告，即電令駐法使館，及駐馬尼剌總領館，並咨請海軍部分別查復。

七月二十日，海軍部復稱：「查東經一百十五度、北緯十度之地點，係在菲律賓與安南之間，並無九小島（查法占各島根據下列顧公使及鄺領事來電，其位置適在該度中）。其在菲島與安南之間，迤其所稱九島，即係西沙群島與瓊洲島相距密邇，各有經緯度之位置云云。」

七月二十九日，駐馬尼剌總領館復電，稱：「查法占九島距離菲律賓 Palawan 島西二百海里，在我國海南島東南五百三十海里，西沙群島之南，約三百五十海里，位置處北緯十度十二度，及東經一百十五度之間，有海南人前往捕魚云云。」

八月二日，駐法顧公使復電稱，法占各島名稱如下：Spratly、Caye Damboise、Itu Aba、Loaita、Thitu、Twin Islands。

七月二十五日，路透電訊，法國政府七月二十五日，正式宣稱各該島以後屬法國領土。四月七日占領奎亞當不瓦斯 Caye Damboise、四月十日占領伊托巴杜錫爾

Thitu Spratly、四月十一日占領萊多Loaita、四月十二日占領杜斯巴梯 Thitu Spratly 及其附屬各小島。

總觀上述各節，法占九小島係在東經一百十五度、北緯十度之間，閱 *China Sea Pilot* 第三冊第九十七頁所載，東經一百十五度、北緯十度，有島名曰 Tizard Bank，其附近有 Itu Aba、Loaita 島及 Thitu 島，與法政府正式宣佈所占之島，名稱適相符合。而西沙群島在東經一百十度——十二度、北緯十五度——十六度。法國所占者，是否西沙群島，殊屬疑問。惟法國所占 Thitu 各島均在中國與南海附近，是否中國領土，本部尚在縝密調查中。

本年八月一日，時事新報載，電通臺北七月卅一日電，稱：「關於巴拉塞爾群島問題，臺灣總督府所報見解如下：法國所宣言先占之島，與臺灣關係最深之西沙群島，或不相同，然若如法國以簡單之聲明決定屬籍，日本亦將以同樣之手段取西沙群島。據總督府之書籍，該地之屬籍雖不明瞭，然從事業關係觀之，當然屬諸平田氏，該民係以武力占領此海賊巢窟之島者。

上述電訊，似可證明法國所占者，似非西沙群島；但據瓊崖旅京同鄉會代表於八月二日來部面稱：「法國所占各島，統屬於西沙群島云云。」

現在本部對於辦理本案之步驟，約分兩項如下：

關於法占 Thitu 等島

（一）向各關係方面，詳細調查該島之隸屬問題。

（二）照會法使館，請將法國占領各島名稱，及其經緯度分查復，並聲明在未經查明前，中國政府對於法國占領該島之宣告，保留其權利。

關於西沙群島

（一）請海軍部派得力艦隊，駛往西沙群島嚴密巡視，以防日方之武力侵占；並調查法方宣占各島之實在情形。

附致法使照會稿、各島略圖、王公達君致羅部長函各一件

**外交部擬致法韋使照會**

密

為照會事。近據報載，法國政府現將安南與菲律賓間中國海內之九小島豎旗占領；並正式宣告該小島自後將屬法國領土。中國政府對於此舉甚為重視。擬請貴公使將各島名稱、地位，及其經緯度分數，查明見復。中國政府在未經確實查明前，對於法國政府上述之宣言，保留其權利。相應照請見復，為荷。

須至照會者

右照會

大法國特命全權公使韋

**法占各島位置圖**

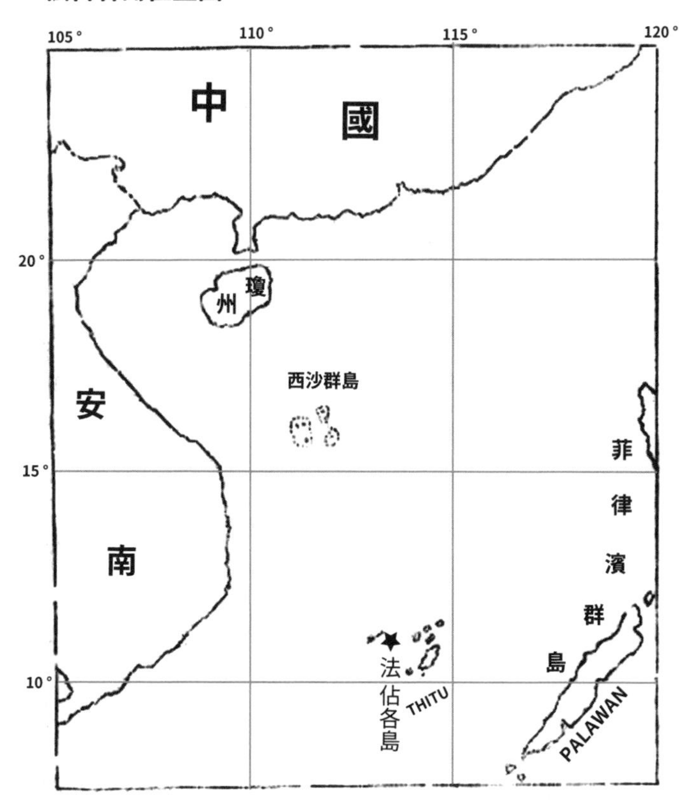

## 北平時事日報社王公達致羅部長函

二十二年七月三十一日

文榦先生：

許久疎教。最近法國南海九島問題甚囂，外部發言人稱我國正從事調查，准備提出抗議，而抗議的大前提是如果牠是西沙群島……。

今天我要建議的是：我們不可作出外交上的笑話！因為牠不是西沙群島，更不是中國領土，已經在數晝夜學術的探查上證明了

如果牠是西沙群島（Paracel Islands）的話，我們當然要提出抗議，因為中國領土之極南端便是西沙群島中的最南一島，名 Triton I.（特里屯島）者，這是萬國地理學家所公認的。特里屯島的位置是北緯十五度四十五分，由這固定事實可以推知特里屯島以南的地方都與中國主權無關；何況距西沙群島尚有一千二百里水程南方的九個小珊瑚島呢！

幫助我作這個探討的是駐平法使館武官 Lt. Colonel Bonavita 氏，他把法國參謀本部的地圖「南中國海幅」拿給我看了，這是因為在中國最大圖書館的北平圖書館連一種滿意的南海地圖，都不可得到的緣故。

第一，法國所占九島，與西沙群島的位置不同。在法國刊印的地圖上完全看出來了。法國所占者在東經 115°、北緯 10°，而我們的西沙群島在北緯 15° 45' 至 17° 及東經 112° 左右。

怎樣證明法武官的話是正確呢？路透電傳來九島中七島的名字一一在地圖上北緯 10°、東經 115° 地方

發現了。

牠的名字是：CAYE DAMBOISE、ITU ABA、DEUX ILES、THITU、SPRATLY。

| North Rf. | Vuladdore Rf. |
| --- | --- |
| Hotspur Sl. | Passu Keah |
| Pattle I. | Amphitrite Group |
| Robert I. | Dido Bk. |
| Money I. | Lincoln I. |
| Amtelope I. | Pyramid I. |
| Discovery I. | Bremen Bk. |
| Triton I. | Jehangire Bk. |
| Woody I. | Bombay Bk. |
| Iltis Bk. | Right I. |
| Crescent Group | |
| Drummond I. | |
| Duncan I. | |

以上二十三島湊成西沙群島。

這個事實，現在證明已是千真萬確。我曾有一略圖，伴 Bonavita 的談話刊於散報，茲一併寄上核閱。

國防委員會委員張其昀先生說，南海除西沙外，再無他島，這真是我國學術界的奇恥大辱，武力不如人，財力不如人，學力也不如人，這是因為學者都想作官，無心向學的緣故。

日本新聯電一股腦說，法國所占者是「巴拉色爾群島」。巴拉色爾是西沙的外國名字，日人的挑撥作用，是應與以注意的。

至於說島上有中國漁人居住，僅有巴黎來的合眾社電如此說法，真情尚待調查和國際法上的研究，此間權威方面得悉九島面積不到半平方英里，淡水無從得，安居樂業是不可能的。

僅以一得之愚，供獻當道，借盡一份子之則。劉次長到京時，煩代問候! 尚盼撥冗賜覆，為禱。

王公達謹上

## 法占九島節略（續）

日期：不詳

密

本部前擬至法韋使照會，已於八月四日發出。法使於本月九日來部稱：「接到我方照會後，即經電達巴黎。茲接法國政府復電，開示各島名稱，即經緯度分；惟有二島名稱，尚付闕如，擬不日正式照復本部。且俟法國政府寄到詳圖後，再抄送本部一份。」該使所談證明法方所占各島，並非西沙群島。

八月五日，據顧公使電稱：「法占九島事，據法外部文稱，該九島在安南、菲律賓間，均係岩石，當航路之要道，以其險峻，法船常於此遇險，故占領以便建設防險設備；並出圖說明，實與西沙群島毫無相關。又謂我國誤以七洲洋為西沙群島，其實此在七洲洋南五百海里云。」但據電通社八月九日東京消息：「外務省經詳細調查後，發見在安南、菲律賓之間，除法國所占者外，尚有數島，早為日本國民所發見。各島為：North Damgen Island、Blatt Island、Lincoln Island、West York Island，及其他。

按上述各島中有 Lincoln Island 島，其名稱適與西沙群島中之東島（西名 Lincoln Island）相同。惟電通社所稱之 Lincoln Island，指明係在東京灣入口處。就地圖觀察中間相隔約千餘華里，究竟是否即係我西沙群島中之

Lincoln Island，抑另有其地，而名稱相同，殊屬疑問。本部意見。擬請海軍部遣派得力艦隊，駛往西沙群島嚴密巡視，以防日方侵占。（西沙群島為我國領土，我派艦前往巡俟屬尋常舉動，與派艦前往占各島查勘情形不同。）

**報告**

本部前致法使致會請將所占九島之名稱、位置及經緯分數查明見復。法使旋於本月九日來部口頭約略答覆，業經第二次節略報告在。茲准法使本月十日復照答復如下：

| Spratly | 北緯八度三十九分、東經一百十一度五十五分 |
|---|---|
| Caye Damboise | 北七度五十二分、東一百十二度五十五分 |
| Itu aba | 北十度二十二分、東一百十四度二十一分 |
| Deux-Iles | 北十一度二十九分、東一百十四度二十一分 |
| Loaita | 北十度四十二分、東一百十四度二十五分 |
| Thitu | 北十一度七分、東一百十四度十六分 |

## 法占九島節略（三續）

日期：不詳

密

自本案發生後，本部博採各方消息，並根據圖籍縝密研究，業已證明法占各島並非西沙群島，迭經報告在案。

八月十一日據駐馬尼剌總領館呈復：「遵令調查各情，其於各島名稱、位置及經緯度分數，與法館復照所開大致相同；並附呈地圖，及說明書等到部。」當經本部照錄全份，咨送廣東省政府參考，藉資接洽。

日政府於八月十九日（根據路透電）向法政府提出抗議，內容首述日人在該島經營之經過情形，次述該島應歸日本之理由，及各國應尊重日本在高島之主權及利益，最後對法漠視以上各點並未經徵詢其意見，遽爾宣告占領，表示遺憾。現法政府方面，對此尚保持沉默態度。一般逆料：法政府或將承認日本在該島之經濟利益，但對日本之主權要求，或將加以拒絕也。

八月二十三日，本部為日提抗議事，電駐法使館探詢真相，尚未得復。

又據聯合社二十二日，馬尼剌電稱：「菲島前參議員 Isabelo de Los Reyes 以法占各島，根據巴黎條約，領海界線應為菲列賓所有，要求政府交涉。」業由總督馬斐氏將其要求未加任何意見轉達華盛頓云。

## 外交部函關於西沙島案呈院文內有航海各書稱其地方為中國領土一語此書何名請檢送參考

日期：民國 23 年 8 月 25 日（1934 年 8 月 25 日）

厚甫部長勛鑒：

關於西沙島問題，十九年七月行政院呈：「據貴部與交通部議復籌建西沙無線電觀象臺，請飭財政部分期撥款案內貴部原呈有：『自後航海各書稱其地為中國領土』一語。不知是何名稱，貴部庋有此項書籍。擬請檢賜一閱，俾資參考，至紉公誼。

專肅，順頌　勛祺

弟徐謨謹啟

八月廿五日

## 海軍部函復關於西沙領土問題派司長許繼祥帶同書證並意見書前往接洽備資垂詢

日期：民國 23 年 8 月 28 日（1934 年 8 月 28 日）

叔謨仁兄次長勛鑒：

關於西沙島問題，前於十九年間由本部會同交通部呈復行政院文內所稱引據航海各書一節，昨接本月廿五日臺函備案悉。茲派本部海證司司長許繼祥帶同各項書證並意見書前往貴部，備資垂詢，尚祈賜洽，為荷。祇復，順頌　勛綏

弟陳〇〇敬啟

八月廿八日

## 海軍部函送西沙群島專圖及筆錄請用畢見還由

日期：民國 23 年 8 月 29 日（1934 年 8 月 29 日）

叔謨仁兄次長勛鑒：

關於西沙島問題所有各項書證經由本部許司長送達，尊覽示遵。囑檢送本年九月四月間遠東氣象會議英文筆錄全份並該島專圖乙幅，其範圍自東往西，計乙百浬，自南而北，計八十三浬，亦隨函奉閱，用畢統祈擲還，為荷。

祇頌　勛綏

弟陳〇〇啟

八、廿九

## 外交部咨徐家匯及海防天文臺與法國政府有無關係或係私人經營請查復

日期：民國 23 年 8 月 31 日（1934 年 8 月 31 日）

關於西沙群島問題，前經法國政府照稱：「……一九三零年香港氣象會議，法國與會代表僅以科學立場表示，在西沙群島上建築燈塔，為航海利益，計誠所渴望，渠等並無解決政治問題之權，且 R. P. Froc 對於燈塔上應懸之旗幟曾加保留，會議錄內有案可稽……。」等由。即經本部逐一駁復在案。惟上海徐家匯天文臺及海防天文臺究與法國政府有無關係，或係私人經營。擬請貴部查照見復，為荷。

此咨

海軍部

兼署外交部長汪兆銘

## 海軍部咨復徐家匯及海防天文臺與法國政府之關係

日期：民國 23 年 9 月 4 日（1934 年 9 月 4 日）

案准八月三十一日貴部歐字第七七二三號咨開：「關於西沙群島問題，前經法國政府照稱：『……一九三零年香港氣象會議，法國與會代表僅以科學立場表示，在西沙群島上建築燈塔，為航海利益，計誠所渴望，渠等並無解決政治問題之權，且 R. P. Froc 對於燈塔上應懸之旗幟曾加保留，會議錄內有案可稽……』等由。即經本部逐一駁復在案。惟上海徐家匯天文臺及海防天文臺究與法國政府有無關係，或係私人經營。擬請貴部查照見復。」等因。准此，查上海徐家匯天文臺由天主教會 Jesuit Society 建設，係科學機關。對於觀測氣象之事與上海法租界、公共租界及我海關會洽辦理。除受法政府保護外，尚無其他關係；至海防天文臺設於法國所轄境地，向受法國政府之資給，完全係法國政府機關。前年香港遠東氣象之會，該臺代表人，自係法國政府官吏。准咨前因。相應咨復，即祈貴部查照，為荷。

此咨

外交部

海軍部長陳○○

## 外交部函送還關於西沙群島問題各項文件

日期：民國 23 年 9 月 6 日（1934 年 9 月 6 日）

厚甫部長勛鑒：

關於西沙群島問題，前蒙貴部許司長帶交各項書證並意見書；又承檢送遠東氣象會議應文筆錄全份並該島專圖一幅，均經拜悉。上述各件茲已用畢，特此奉還即希檢收，為荷。再此案本部自極重視，當於最近期內與方法繼續交涉也。

專上，祇頌　勛綏

弟徐謨

九、六

## 西沙群島屬我領土之考證

日期：不詳

得國際公認考：

在亞洲海中各地形勢與航海有關係。在國際測海家共同蒐集撰述，稱其書為《中國海指南》*China Sea Pilot*，每二年複印一次，該書內載各該島屬我領土，迄已多年，無異議考。

經中國布告管轄考：

前清宣統元年夏間，廣東水師提督李準率伏波、琛航、廣金各軍艦按照國際通行典禮，在東沙、西沙兩處樹旗鳴砲，並派員駐島以明管轄，無異議者。

由國際行業關係所請求者：

民國十二年間，前總稅務處轉據海關總稅務司之陳請報告，此項觀象臺旋經前臨時執政議決建築東沙、西沙觀象臺，國際間均為注意。十四年，東沙臺成立。二十一年，香港召集遠東氣象會議，法政府亦派徐匯天文臺代表與議，共同議決由我國代表轉請政府速建西沙觀象臺。

謹按民國二十一年法外部照會我駐法使館，謂：「百餘年前曾有某安南王等在西沙建塔、立碑，請注意安南先有權。」等語，經據理駁回法外部，並未再提抗辯。查西沙係不毛之地，又無淡水，決非人類所能生存，其間除建臺觀象、設置燈塔保護航船外，不能供為他用。至建臺觀象係國際航海公益事業，即有土地管轄問題，對此設臺觀象亦不至因此發生交涉。

海軍部長陳〇〇

# （二）外交檔案

原案單位：外交部歐洲司

典藏單位：國史館

## 朱幫辦會晤陳家炳談話紀錄

日期：民國 22 年 7 月 19 日（1933 年 7 月 19 日）

地點：本部歐洲司

事由：西沙群島案

陳家炳：鄙人為黃埔軍校第一期畢業生，近聞西沙群島被法國人占領，特來貴部談談。

朱幫辦：閣下對於西沙群島之事有何意見？

陳家炳：余籍隸屬廣東文昌縣，對於西沙群島情形知之頗詳，報載西沙群島被法國人占領，貴部正在辦理調查，鄙人今日特來報告一二，藉供參考。余家住文昌縣，以漁業為生計，每年冬月由縣乘帆船前往島上捕魚，遇風順一天半即可抵達，冬月前往，次年夏季返縣；如此，年以為常。鄉人經營漁業者甚夥，近年來因日本人、朝鮮人來島侵攘漁業，我國帆船常被驅返，因之我國漁業近年大為衰落。今年舊曆三月間，余家人由島歸去，見有法人往至島上並升旗於島上。

朱幫辦：法人至島樹旗，是否閣下目覩是否法國之旗？

陳家炳：余家中人親見，確是法國旗幟，式為紅、白、藍三色，鄉人並有持旗歸者，現旗存文昌縣文教市同豐號內可以取看。

朱幫辦：西沙群島被法人占領之事，本部聞此消息後正在竭力調查，然以所船地點與地圖上經緯度不符，是以尚未確定。我國向稱西沙島為 Paracels Island，據意大利秘書來稱，該島名為 Tizard，不知貴鄉究呼該島何名？

陳家炳：吾鄉土昔呼西沙島為 Tizard，所以外人亦有叫 Tizard 者。

朱幫辦：西沙群島被占，敝部正詳細調查，以便交涉。閣下來部報告所知，非常感謝。

## 徐虬來函清季日占東沙群島及整理西沙群島事

日期：民國 22 年 8 月 2 日（1933 年 8 月 2 日）

部長鈞鑒：

閱報及悉。法人霸占九島究竟是否中國領土，■■正在調查中。虬當年正在廣東，見聞所及略有所知，事涉國土，資陳座右以資參證。查清宣統元年春間，張人駿來奏：「因東沙群島被日人占領，建立廠房採取燐質（該島海鳥麕集，堆積鳥糞，含蓄燐質為豐），並建築輕便鐵道，以資運務■■■■。」等情在案。奏准備價收回，特派出水師提督李準率領艦隊隨赴該島，即將日人所建廠房、鐵道等估價銀十三萬兩，當行購回，同時撥款七萬兩，將西沙群島派員整理，且在■島上取回大龜殼一個，陳列於廣東息鞭亭。詢諸廣東父老類能記臆及之，請即檢閱。宣統元年，備案可據為鐵證也。事涉國際，敢冒干瀆之嫌，經以上閱。

肅請　勛安

## 廣東省政府電復調查西沙一帶情況

日期：民國 22 年 8 月 7 日（1933 年 8 月 7 日）

南京外交部勛鑒：

密。九島事，歌電計達。頃又據瓊崖綏靖委員會電稱：「此事經派科長王開政赴各港漁船調查所得情況如次：（一）據青瀾港盛臻帆船主黃學■稱：『本年舊曆二、三月間，法安南總督率艦三艘來北海黃山馬島一帶給法國旗多面，與該島漁船升懸，以抗日本漁船騷擾，並在黃山馬島上豎法國旗』。（二）各島位置在瓊崖之東南，由清瀾港用巳亥庚盤順風四天可到等語，查該島係我國與南洋通航要衝，且屬產魚良區，惜我海軍羸弱，致日、法覬覦詳情另文續報，等情。又貴部冬電：「擬商海軍部派船艦駐防西沙島一節，頃准第一集團軍總司令部函復開：『派艦應予協助，但該兵艦須與敝部切實聯絡，藉資互助，等由。』希查照。」

廣東省政府

陽七日印

## 外交部咨請抄寄李準查勘西沙群島報告書

日期：民國 22 年 8 月 16 日（1933 年 8 月 16 日）

關於西沙群島事，八月十日天津大公報社評：「據前清光緒三十三年，曾赴西沙群島一帶查勘之李直繩先生，昨日向本報記者談稱：『法國所占各島中，似有彼往年查勘所及鳴砲、豎桅之區。惜乎遭際喪亂，詳圖遺失，遽難考證』。但當時既經呈報海陸兩部及軍機處有案，則此時調閱舊卷，當可得其真相，作交涉之根據云云。」查李準呈報查勘西沙島情形，本部無案可稽。如貴部存有該項報告，即希抄寄一份，以便參考，為荷。
此咨
海軍部

## 海軍部咨據查李準查勘西沙群島報告本部調閱舊卷並無此案請查照由

日期：民國 22 年 8 月 17 日（1933 年 8 月 17 日）

案准貴部歐字第一四六三四號咨開：「關於西沙群島事，八月十日天津大公報社評：『據前清光緒三十三年，曾赴西沙群島一帶查勘之李直繩先生，昨日向本報記者談稱：『法國所占各島中，似有彼往年查勘所及鳴砲、豎桅之區。惜乎遭際喪亂，詳圖遺失，遽難考證。但當時既經呈報海陸兩部及軍機處有案，則此時調閱舊卷，當可得其真相，作交涉之根據云云』。查李準呈報查勘西沙島情形，本部無案可稽。如貴部存有該項報告，即希抄寄一份，以便參考。」等因。查海軍部成立於中華民國元年，前清光緒三十三年，為陸軍部海軍處，調閱舊卷，並無該項報告。其關於西沙群島中之茂林島 Woody Island 事件，僅有中華民國十五年八月二十四日，國務院公函海軍部，知照國務會議議決交外交部與日公使交涉，轉飭日人部得在該島經營各業一案。准咨前因，相應咨復，即祈查照，為荷。
此咨
外交部

海軍部長陳紹寬

## 外交部函請代繪西沙群島地圖

日期：民國 22 年 8 月 22 日（1933 年 8 月 22 日）

逕啟者：

本部現自外界借到西沙群島地圖乙幀，擬照會一份存部參考，茲特檢同原圖送請貴局代繪一份，並請仍將原圖一併送還，以便檢查，至紉公宜。

此致

參謀本部陸地測量局

外交部歐美司

附送地圖一份（略）

## 廣東省政府電關於西沙群島事

日期：民國 22 年 8 月 22 日（1933 年 8 月 22 日）

南京外交部鈞鑒：

密。派艦巡視西沙群島一事，究由海軍部派艦前往；抑由第一集團軍總司令部派艦前往，希即電復以憑轉行辦理，為荷。

廣東省政府

養廿

## 參謀本部陸地測量局函收到西沙群島地圖一幀已飭科照式撮製

日期：民國 22 年 8 月 23 日（1933 年 8 月 23 日）

逕啟者：

接誦大函，並收到西沙群島地圖一幀，已飭科照式撮製，以期敏捷，約本月廿八日印刷完成；相應函復，請煩查照並希屆時派員領取，為荷。

此致

外交部歐美司

參謀本部陸地測量局啟

八月廿三日

## 外交部電巡視西沙群島事請貴省派艦前往辦理

日期：民國 22 年 8 月 24 日（1933 年 8 月 24 日）

廣東省政府大鑒：

養電悉。巡視西沙群島事，請貴省派艦前往辦理，巡視情形仍希隨時見告，為荷。

外交部

敬

## 甘介侯電關於派艦前往西沙群島巡視事

日期：民國 22 年 8 月 28 日（1933 年 8 月 28 日）

汪院長鈞鑒：

密。廿五有電奉悉。關於派艦前往西沙群島嚴密巡視一事，已分函第一集團軍總司令部及廣東省政府查照辦理。俟派定軍艦設有啟程日期，俟當隨往視察，並將啟程日期電呈。

甘介侯叩

儉廿八

## 國防委員會議決由行政院電令廣東省政府派人往西沙島建設

日期：民國 22 年 9 月 1 日（1933 年 9 月 1 日）

國防委員會第六十七次會議議決：「由行政院電令廣東省政府派人往西沙島建設氣象臺、燈塔，並置設警察」。

陸士■

九月一日

### 國防委員會第六十七次會議紀錄

九月一日

關於西沙島事

葉楚傖：關於九小島，軍事委員會提有意見，供作本會研究，大意謂，「九小島上雖居有中國漁民，但在軍事、政治及其他事實上應蓋何項建設，目前不妨抱鎮靜態度，如果以漁民為理由向法國交涉，恐日本亦將援例，認為西沙島上有日本漁民，或將因之占領西沙島為日本領土。最好由海軍部派艦隊駛往該島駐防，及進行建設事宜。

議決：「由行政院電令廣東省政府派人往西沙島建築氣象臺、燈塔並設置警察」。

## 甘介侯電復派艦巡視西沙群島事

日期：民國 22 年 9 月 2 日（1933 年 9 月 2 日）

汪院長鈞鑒：

密。准第一集團軍總司令覆稱：「關於派艦駛巡西沙群島一事，現查海風尚大，航行困難，擬於十一月間前往巡視，屆時當釋啟碇日期先期函告等語。」謹此，電聞。

甘介侯叩

冬印

## 甘介侯電關於派艦駛巡西沙群島事

日期：民國 22 年 9 月 2 日（1933 年 9 月 2 日）

汪院長鈞鑒：

密。准第一集團軍總司令覆稱：「關於派艦駛巡西沙群島一事，現查海風尚大，航行困難，擬於十一月間前往巡視，屆時當將啟碇日期先期函告等語。」謹此，奉聞。

甘介侯叩

冬二日

## 戴傳賢函送東沙島西沙島成案彙編一冊

日期：民國 22 年 9 月 15 日（1933 年 9 月 15 日）

敬啟者：

關於東沙島、西沙島民國十七年以前一切文件曾由閩侯陳君天錫編次一書，名曰東沙島、西沙島成案彙編，內中記載翔實、統系分明，最便觀覽。現聞法占海南九島，貴部方在研究，陳君此書足資參考，僅餘此冊，賢特囑割愛檢送備閱，即希督收妥為保存，是荷。

此致

外交部

附東沙島、西沙島成案彙編一冊

戴傳賢啟

九月十五日

## 外交部函送西沙群島全圖二份以備參考由

日期：民國 22 年 9 月 16 日（1933 年 9 月 16 日）

逕啟者：

本部近借到西沙群島全圖乙幀，繪製詳析，足資參閱。特照圖複製，送函貴視察專員二份，以備參考，即希查收，為荷。

此致

視察專員甘

外交部歐美司

## 外交部函送西沙群島全圖二份以備參考由

日期：民國 22 年 9 月 19 日（1933 年 9 月 19 日）

逕啟者：

本部近借到西沙群島全圖乙幀，繪製詳析，足資參閱。特照圖複製，函送貴省政府二份，以備參考，即希查收，為荷。

此致

廣東省政府

## 外交部函復謝函送東西沙島成案彙編一冊

日期：民國 22 年 9 月 19 日（1933 年 9 月 19 日）

謹復者：

頃奉臺函敬悉。一一並蒙惠賜東、西沙島成案彙編一冊，記載翔實，內容豐富，足資本部參考。專此，復謝。

敬致

戴院長

外交部啟

## 廣東省政府函西沙群島地圖收存備考

日期：民國 22 年 10 月 2 日（1933 年 10 月 2 日）

逕復者：

現准大函：「附送西沙群島地圖兩張，囑查收參考。」等由。除收存備考外，相應函復查照，為荷。

此致

外交部

廣東省政府啟

## 顧維鈞電法外部復文

日期：民國 22 年 10 月 27 日（1933 年 10 月 27 日）

案奉上年七月二十六日大部歐字第四一八二號訓令，關於西沙群島（The Paracels）問題，今向法外部嚴重駁覆。經於同年九月二十九日，遵照令開各節，照復法外部去後，迭次催巡，迄未准復。嗣奉大部本年七月十七日電詢，復於本年八月一日，函催法外部；並於八月二日、二十三日派員前往，面詢一切，據稱：「部長現正查案擬復。」等語。茲准該部九月二十七日覆文，略稱：「……貴使館聲稱：西沙群島（The Paracels）為貴國廣東省海疆之一部份；並承認該島距瓊崖百四十五海浬。查貴國出席一九三零年海牙國際公法編纂會議代表，既同意採納：『三海浬原則』以劃領海；則該島不能認為貴國領土。貴館更以一八八七年中法越南續議界務專條第三款所載為引證。惟該款議在劃清芒街（Moncay）區域之中、越界線，西沙群島（The Paracels）二百海浬，超出該專條之旅行範圍，當無以證明貴國在該島之主權。東經一百零五度四十三分之線，即茶古（Tra Co）適用，則不但越南多數島嶼，應為貴國領土，即越南本陸之大部亦然；實屬不可能事。貴館又稱：瓊人散居西沙，築廬而居，置舟而漁，有悠久之歷史。瓊人聚散無定，究自何時何年來島居漁，亦無憑據；在國際公法及慣例方面，不生任何效力，貴國無從博得該領土之主權。一九零九年貴國政府曾行公告中外占領該島。顯係一九零九年前，貴國並無該島之領權；而一八一六年安南嘉隆王正式管領該島之舉，確載史卷。貴館又據遠東觀象會議，提議在該島樹塔案事，實證明該島主權。敝國與會代表之惟一任務，為在科學方面盡力，政治問題，無權過問；在敝國政府法律證據充分之下，當亦難引以為證……。」等語；查法國歷次來文，所恃為惟一之根據，係安南歷史曾載有嘉隆王朝於一八一六年正式占領該島；謂在中國一九零九年占領之先云云。如能將此點打破，則其餘理由，自不成立。擬請大部搜集中國歷史、省誌及地圖證明中國在一八一六年以前，確曾管理該島，則安南之占領，自屬無效。

再依據國際公法，占領公法應有實權。安南在該群島從未施行實權，自不能認其為正式占領也。相應抄錄往復文件，函送大部，敬請核示，為荷。

此致

外交部

附抄件三紙

顧維鈞

## 外交部令為西沙群島事

日期：民國 23 年 3 月 20 日（1934 年 3 月 20 日）

令駐法使館

呈一件呈送關於西沙群島（The Paracels）問題，法外部覆文請核示由。呈件均悉。

（一）法方謂：「西沙群島（The Paracels）距瓊崖百四十五海浬。貴國出席一九三零年海牙國際公法編纂會議代表，既同意採納：『三海浬原則』以劃領海；則該島不能認為貴國領土。」查此案與「三海浬原則」毫無關係，蓋本國代表在一九三零年編纂國際法典會議同意採納「三海浬原則」，固屬實在。但其採納此項原則之意，在承認國家領海範圍以三海浬為限，而不在限制本國之海疆。準是以觀上述三海浬範圍，適用於我國時，自應以我國近海各處領土之邊疆為起點，而不限於瓊崖。法方以我國承認「三海浬原則」而即斷定我國南部海疆應以瓊崖為限，不知何所依據，果如法外部所言，則法國在海外之殖民地，其距離法國本部有遠過於百四十五海浬者，若均視為非法國領土，法國政府可以予以承認乎。法方提出三海浬問題，似係對我方去文第一節，為故意之誤解。

（二）查一八八七年中法越南續議界務專條第三款，除劃清芒街（Moncay）區域之中、越界線外，對於海中島嶼之領土主權上有明確之規定。該款中如所指「兩國勘界大臣所畫之紅線」，原為規定海中島嶼之領土主權而設，該款明白規定「紅線以東，各島歸中國」既在該紅線之東，按照條約其主權應歸中國，自無疑義。至法方所謂「如該線可以延長，不但越南多數島嶼，應為貴國領土，即越南本陸之大部亦然」實出誤會，蓋該款所指明之為「海中各島」斷無包括越南本陸地面在內之理也。

（三）法方謂：「越南歷史曾載有嘉隆王朝於一八一六年正式占領該島，在中國一九零九年占領之先。」查一八一六年安南尚隸屬於中國，在勢在理，均無侵占中國領土之可能，且中國歷史及書籍中，亦均無該島曾為屬國安南占領之記載，是越史所載，殊屬失實。至一九零九年李準之豎旗鳴砲，當係重定島名之一種紀念儀式；若夫該島之為中國所占領，已遠在漢代馬伏波將軍征南之前，此證諸中國歷史斑斑可考者。即以最近事實而論，凡商人之欲承墾該島者，均須經過廣東省當局之批准，此民國十年以來之一貫辦法，至今行之無間，益證該島之為中國領土，中國政府始終握有管理實權。

且（四）去年法占南海九小島時，駐華法使館秘書博德 Baudet 承法使韋禮敦 Wilden 之命，於一九三三年八月五日附同略圖來文解釋，略稱：「中國地理及地圖內，對於法占之久小島從未提及，或列入中國地理，其僅認西沙群島 Paracel 之最南島 Triton 島為中國之最南領土；中華民國分省地屠載明：『西沙群島內之 Triton 島為中國極南之地』。又洪懋熙著最新世界形勢一覽圖內亦有：『中國疆界南至西沙群島之 Triton』。至現在法占之久小島，與西沙群島相距三百海浬，顯非西沙群島可知云云。」雖該法方來文否認九小島為中國領土，但至少已承認中國之最南領土為西沙群島之最南島 Triton。由此，是證法方固明知西沙群島素為中國領土，乃法外部復文所稱各節，竟與駐華法使館來文顯然不符，殊所不解。除對於九小島，本部業於上年八月四日照會韋禮敦使保留權利外，所有法外部關於西沙群島之矛盾主權，本部礙難接受。查近年以來，中、法邦交益敦親睦，此種友好精神，自應繼續維持，庶於雙方均有裨益，深知法方變更其現在所取之態度，以免糾紛。合行抄發博德秘書來文及略圖等件，令仰該使館即便遵照，向法方駁復，為要。切切。此令。

## 顧維鈞電關於西沙島案事

日期：民國 23 年 3 月 21 日（1934 年 3 月 21 日）

南京外交部：

一百五十三號，二十一日，西沙島案，上年十月二十七日函頃法外部函稱：「聞中國擬在該島建觀象臺，行政院與海軍部現正審議該島主權問題，未決前建臺實有未便，請注意。」等語。除寄外，應如何答覆，乞核示。

鈞

## 顧維鈞電西沙島建觀象臺事錄送法外部來文由

日期：民國 23 年 3 月 21 日（1934 年 3 月 21 日）

案查西沙島案，前准法外部覆文，經於上年十月二十七日函陳大部在案。頃接法外部函略稱：「聞中國在西沙島建觀象臺計畫，南京行政院與海軍部正在審議。本部以為在該島主權商談未決以前，建臺實有未便。應請注意。」等語。除於本日電陳外，相應錄送來文，敬祈察核。

此陳

外交部

顧維鈞

## 外交部電為西沙群島事

日期：民國 23 年 3 月 23 日（1934 年 3 月 23 日）

Sinolegate Paris:

密，一百五十三號電悉。西沙島建觀象臺，原於民國十四年夏向閣議通過該島本屬中國，法方何得過問。該館上年十月二十七日函已悉。本部已列舉理由，於本月二十日指令該館痛加駁復，各項參考圖件已均附發，俟該令到後遵辦，可也。

外交部

23

## 外交部電陳法方對我在西沙島建臺意見事

日期：民國 23 年 4 月 14 日（1934 年 4 月 14 日）

南京外交部：

六十四號，十四日，閱晤法外部次長順詢蘇俄加入國際聯合會事，彼云前外長朋古曾與蘇俄接洽，新內閣尚未提及，但亦盼俄能加入，俄方如有條件並願為之疏通。再西沙島事前奉三三六號電，當經照會法外部解釋，以留地步。頃法外交次長又談及，謂該島在主權未決前，盼我暫勿有何建設，現法海軍對我建設觀象臺頗為詫異，渠意該島主權問題在交涉期中，中國不宜有積極行動，否則法方亦積極進行，維持主權勢必立現衝突，有礙兩國友誼。法對此事始終主張和平解決，如願付諸公斷，亦所贊成，此時建臺與否，無裨根本解決。鈞告以建臺原係舊議，我方駁復之詳細理由，日內可收到轉達，彼謂建臺不停止，無從進行交涉。彼對我素抱好感，託鈞電陳勿令問題惡化，情詞懇摯，竊思此事要在根本解決，我國理由既其充分，似宜從速依法解決，建臺能否暫停，以免意外枝節，乞核奪電示。

鈞

## 顧維鈞電詢西沙島建氣象臺事

日期：民國 23 年 4 月 22 日（1934 年 4 月 22 日）

南京外交部：

一六九號，二十二日，一六四號，二十日電，計達。法方所請西沙島暫停建臺一節，下星期一晤法外次時，或又詢及如已核奪，乞電示。

鈞

## 外交部為西沙島建臺事

日期：民國 23 年 4 月 23 日（1934 年 4 月 23 日）

Sinolegate Paris:

密，一六四號、一六九號來電均悉。查西沙島建臺，原我主權以內之事，惟此事籌備頗需時日，原定計畫尚未實施，非旦夕間易於舉行。

外交部

## 駐法使館呈報關於西沙群島問題已遵令照會法外部由

日期：民國 23 年 7 月 25 日（1934 年 7 月 25 日）

案奉鈞部歐字第三三二四號指令：「關於西沙群島問題，囑向法外部再行嚴重駁復。」等因；並抄發博德秘書來文及略圖等件。奉此，遵即將鈞令及附件，照會法外部在案。除俟覆文到到後再行據情轉呈外，理合抄同去照稿件，先行呈復察核。

謹呈

外交部

大使館參事暫行代辦蕭繼榮

## 外交部電令仰蒐集西沙島主權證據以便參考由

日期：民國 23 年 8 月 17 日（1934 年 8 月 17 日）

廣州甘視察專員鑒：

密。關於西沙群島本部現正蒐集該島主權證據，仰遵即蒐集寄部，以便參考。

外交部

洽日

## 國民政府文官處電關於西沙島主權問題案

日期：民國 23 年 8 月 23 日（1934 年 8 月 23 日）

■■次長勛鑒：

西沙島主權問題關係卷宗明■■，囑抄錄兩則呈供參考。李平衡令派案，院文未到，容俟呈到，照原意辦理。

耑頌　勛安

謹將關於西沙島主權問題可資參證之案摘呈鑒核。

一、十九年七月，行政院呈據海軍、交通兩部議復：「籌建西沙島無線電觀象臺，請飭財政部分期撥款，仍由海軍部繼續籌備。」案內海軍部原呈所稱如左：

前清宣統元年，粵督張人駿、水師提督李準曾派伏波、琛航、廣金軍艦前往西沙島察勘，並在該島建桅立碑，自後航海各書稱其地為中國領土。民國九年，該島被風，船舶遭難者無數，上海徐匯天文臺特著《西沙史》一書，便航海者咸有戒心，並力陳該島應由我國建設海洋觀象臺，以資補救。民國十四年夏間，經前海軍部將建臺及設備各費需洋十二萬元，提出閣議通過。

二、十九年七月，行政院呈據海軍部呈報：「香港氣象會議議決各案，並籌建西沙、南沙兩島觀象臺，轉請備案。」文內海軍部所稱如左：

本年四月間，香港舉行遠東氣象會議，經海岸巡防處請派該處課長沈有璂代表東沙觀象臺前往參加。茲據該處呈轉該員報告，稱此次會期係由四月二十八日起，至五月三日止。計到南京氣象研究所代表、青島觀象臺代表、上海徐家匯、香港英國海軍航空各代表，共十餘人，由香港總督致歡迎開會詞，公推香港天文臺長為大會主席。計共議決十五案，其第九案：小呂宋天文臺實為中國海之最重要氣象機關，而航行中國船隻亦獲益實多，並希望於西沙島 Paracel 及 Macclesfield Bank（即改稱為南沙島），以及南沙島亦當創設，以期增進；航海之安全案，議決由東沙島觀象臺臺長呈請中國政府從事創設該兩島之重要機關。

## 外交部函請核賜航海書籍由

日期：民國 23 年 8 月 25 日（1934 年 8 月 25 日）

厚甫部長勛鑒：

關於西沙島問題，十九年七月行政院長呈據貴部與交通部議復「籌建西沙島無線電觀象臺，請飭財政部分期撥款」，案內貴部原呈有，自後航海各書稱其為中國領土一語，各書不知是何名稱，貴部庋有此項書籍。擬請核賜一閱，俾資參考。至紉公誼。於肅，順頌　勛祺

## 顧維鈞呈關於西沙群島問題抄送法外部十一月二十三日復文請鑒核由

日期：民國 25 年 12 月 10 日（1936 年 12 月 10 日）

案查關於西沙群島問題，本館於民國二十三年六月七日遵照大部歐字第三三二四號指令，照會法外交部，業經呈報在案。本年十一月二十四日始准法外交部復稱：「案查前准一九三四年六月七日貴館來文，轉達貴國政

府觀察各點過部。經本部各司慎重研究去後，本部所得考證如後：

一、前者中國政府以西沙群島為南海島嶼之一，而南海則為廣東省領海之一部分等理由，力爭該島主權行文到部。經本部以該島遠據中國海岸百四十五海浬，超過中國政府在一九三零年編纂國際法典會議所採取劃分領海之規定距離甚巨等理由答覆在案。復准貴館最近來文，答稱西沙群島問題與「三海浬原則」毫無關係，更不能以該原則即斷定中國疆土應以瓊崖為限等由。本部除將該項聲明錄案外，認為中國政府為力爭該島主權業不再以廣東省領海擴至安南之全部。

二、來文引用一八八七年中法越南續議界務專條第三款稱：『兩國勘界大臣所劃之紅線，為規定海中島嶼之領土主權而設，該款規定紅線以東，海中各島歸中國。』本部詳查該專條條文並無海中各島一語，引語欠確，文為：『巴黎東經百零五度四十三分，即經茶古島東端之南北線，並同時為國界之線以東各島為中國。』是定界兩造之意，衹確定中越劃線界地帶之中國領海與其北圻領海中各島之歸屬而已，一如本部一九三三年九月二十七日復文所言，劃界純係地方性質，不適用於遠若西沙群島之島嶼。

三、來文復稱一八一六年安南尚隸屬中國，絕無安南侵占中國領土之可能，該島之屬於中國遠在漢朝以前，本部始終認為該島自一八一六年以遠，尚屬安南皇帝管轄，中國來照亦從未加反證。

四、中國政府對李準之豎旗鳴砲，已不認為占領性質，但稱為出巡該島之一種儀式，本部當照錄備考。

五、法國駐華使館為指明法方所占之九小島與該島無涉，援用中國地圖純為說明九小島之不屬中國無可爭執而已。不得認為法方即認西沙群島為中國領土。該項地圖出版日期甚新，而一八九七年廣東省當局所製廣東省地圖則無西沙群島之紀載，最南領土至瓊崖之瑜林海灣為止，位於該島之北幾及兩度。是該時廣東省未認認島為廣東省領土，與中國歷史來聲稱該島之占領遠在漢朝一說，殊相抵觸。再中國當局對於一八九八年日輪、英輪沉沒所取消極態度，亦資作證。

為此，本部除重申一九三二年一月四日及一九三三年九月二十七日兩文所持理由外，仍希中國政府對上開詳列各節，重行覆核，並於最短期內使該島問題有一圓滿解決。敬希查照，並請轉達貴國政府，是所至感。」等語。查此案與法外交部文書往返多次，迄無結果。吾人根據一八八七年中法越南續議界務專條第三款，證明該島屬中國，理由本極充足，此約應為中越劃界最後之決定，法方所根據一八一六年安南之歷史，尚在簽訂此約之前，不論其價值如何，自界約改訂後，已失去效用，一若越南地圖之變色。惟法方既要求重行審查，吾人自應再從歷史及事實方向，及我國在該島行使實權情形詳細調查，蒐集有力證據，以便備照，再向法方交涉。是否有當，理合抄錄來照，呈請鑒核示遵。

謹呈

外交部

駐法大使顧維鈞

## 駐河內總領事館電購買地圖事

日期：民國 26 年 1 月 22 日（1937 年 1 月 22 日）

奉本日電開：「即購越南或法政府出版越南全境地圖新舊兩種，空郵寄司備用，等因。」今日適有粵機來越，故即分頭趕赴各書店及地圖處選購。惟因時間匆促，且不明用意，因即購就最詳大地圖一本，一百五十萬分之一最新地圖一幅，共墊越幣三十二元另五分。惟舊地圖據地圖處云，最舊者為一九零四年以前者均已銷毀，一九零四年以來地形並無變更，不過該圖僅可在該處研究，不能出售；尚有稍舊者為一九二八年者，乃百萬分之一，此圖與最新者完全相同，該圖上所無者，惟新近通行之至西貢之一段火車路而已。至附上地圖目錄一本如需何種地圖，請詳地圖號頭示知，本館以備採購，相應檢同上述地圖及單據等頌請檢收，為荷。

此上

歐美司

因地圖太大，空郵投寄不便，故托西南航空公司飛機師帶至廣東，轉托中國公司飛機師帶申轉京；請飭人向該公司取下，可也。

駐河內總領事館謹啟

一月二十二日

南海諸島中英對照表

Pratas I.（東沙）

Paracel I. & Reef（西沙）：

Tree I.（樹島）

Amphitrite Group（鶯非士萊特島）

Woody I.（林島）

Rocky I.（石島）

Iltis Bank（亦爾剔斯灘）

Vuladdore Reef（符勒多兒礁）

Linclon I.（林康島）

Pyramid Bank（高尖石）

Jehangire Bank（則衝志兒灘）

Bremen Bank（蒲利益灘）

Bombay Reef（傍俾礁）

North Reef（北礁）

Hotspur Shoal（核子牌淺灘）

Crescent Group（庫勒生特群島）

Drummond I.（都蘭莽島）

Pattle I.（偪陶爾島）

Robert I.（羅擺特島）

Duncan I.（壇聖島）

Money I.（錢財島）

Antelope Reef（羚羊礁）

Discovery Reef（覓出礁）

Passu Keah（巴徐崎）

Triton Island（土萊塘島）

Macclesfield Bank（南沙）

# 四　戰後東沙島接收事宜（1946）

原案單位：海軍總部

典藏單位：國家發展委員會檔案管理局

## 軍政部海軍處電希派員接收東沙島氣象臺並開始工作仍將辦理情形具報由

日期：民國 35 年 2 月 14 日（1946 年 2 月 14 日）

上海辦事處魏主任：

准外交部（歐 35）1772 號代電開：「准英國云云，以便轉復。」等由。希即派員前往接收東沙島氣象臺，並速開始工作，仍將辦理情形具報，以憑轉復外交部，為要。

周憲〇

卅五丑寒務一仁

## 軍政部海軍處駐滬辦事處電擬電復外交部該臺正接收中

日期：民國 35 年 2 月 21 日（1946 年 2 月 21 日）

南京海軍處副處長周鈞鑒：

丑寒務一仁代電奉悉。接收東沙島氣象臺一節，遵飭本處附員李景杭籌備出發，剋日前往接收。

謹復

職魏濟民叩

丑馬巳務

## 人事組呈東沙島觀象臺建制

日期：民國 35 年 2 月 23 日（1946 年 2 月 23 日）

鈞座手令：「本處擬即派員赴東沙島籌復氣象臺，希即擬定辦法並人選呈核。」等因。遵查該臺設置情況，現相隔將及九年，與從前自屬有所變更，似應先行遴派相當人員率帶員兵前往查勘。經會同科員袁振岳洽商，先就目前情況謹擬辦法如左：

（一）東沙島觀象臺建制，其狀況自較從前略有變更，但未經勘明以前，其員兵設置其間除設置少校級氣象員一缺外，其餘則依照前東沙島觀象臺原編制配置，俟將來需要時再行修正。該觀象臺原編制表抄附呈核。

（二）該臺員兵待遇暫仍依照向例，比照原薪餉照八成加給。

（三）任期除所派員兵確因體質與氣候關係得申請調派外，仍依照向例以一年為交替期間。其期滿仍自願留臺者，得申請繼續任職。

（四）查中校臺長一職，二十六年間係前海軍部海政司少校科員，現充上海辦事處軍委一階譯電員李景杭充任；又氣象員一職，二十六年間係由派在海岸巡防處候補員，現充上海辦事處總務課長少校級李幹充任。該員等均有相當資歷，該臺長一職可否就該兩員中則一派充，以茲熟手，其餘員兵俟臺長派定後再行遴選。請示核派。

（五）該臺業務關係國際籌復，實不容緩。臺長派定後擬即先飭率帶相當員兵前往籌復，惟應如何派艦送往、其所需器材如何籌配，電飭海岸巡防處妥擬辦法，呈候呈奪。至該臺員兵、糧食、器材等，向例每年分四、九兩月派艦專送。將來該臺成立後，是否仍照向例辦理，擬請併飭該巡防處一併擬核。是否有當，理合簽請鑒核示遵。

謹呈

兼處長陳、副處長周

附呈東沙島觀象臺原編制一份

人事組呈

海軍東沙島觀象臺編制表

| 職別 | 階級 | 任別 | 人數 | 薪俸 | 餉給 | 薪俸餉洋給數 | 備考 |
|---|---|---|---|---|---|---|---|
| 臺長 | 中校少校 | 薦任 | 1 | 250 | | 250 | 海外加給 200 元 |
| 技正 | 少校 | 薦任 | 1 | 180 | | 180 | 海外加給 144 元 |
| 主任臺員 | 一等電信佐 | 委任 | 1 | 120 | | 120 | 海外加給 96 元 |
| 臺員 | 二等電信佐 | 委任 | 3 | 各 80 | | 240 | 海外各加給 64 元 |
| 軍醫員 | 二等軍醫佐 | 委任 | 1 | 80 | | 80 | 海外加給 56 元 |
| 電機副軍士長 | 准尉 | 委任 | 1 | 70 | | 70 | 海外加給 56 元 |
| 輪機上士 | | | 1 | | 37 | 37 | 海外加給 29 元 6 角 |
| 電信上士 | | | 1 | | 37 | 37 | 海外加給 29 元 6 角 |
| 輪機中士 | | | 1 | | 35 | 35 | 海外加給 28 元 |
| 水工下士 | | | 1 | | 24 | 24 | 海外加給 19 元 2 角 |

| 職別 | 階級 | 任別 | 人數 | 薪俸 | 餉給 | 薪俸餉洋給數 | 備考 |
|---|---|---|---|---|---|---|---|
| 泥工下士 | | | 1 | | 24 | 24 | 海外加給 19 元 2 角 |
| 帆纜下士 | | | 2 | | 各 24 | 48 | 海外加給 19 元 2 角 |
| 鐵工下士 | | | 1 | | 24 | 24 | 海外加給 19 元 2 角 |
| 輪機下士 | | | 1 | | 31 | 31 | 海外加給 24 元 8 角 |
| 一等看護兵 | | | 1 | | 19 | 19 | 海外加給 15 元 2 角 |
| 一等電信兵 | | | 1 | | 19 | 19 | 海外加給 15 元 2 角 |
| 二等兵 | | | 4 | | 各 17 | 68 | 海外加給各 13 元 6 角 |
| 二等電信兵 | | | 1 | | 17 | 17 | 海外加給 13 元 6 角 |
| 三等輪機兵 | | | 2 | | 各 17 | 34 | 海外各加給 13 元 6 角 |
| 三等電信兵 | | | 1 | | 16 | 16 | 海外各加給 12 元 8 角 |
| 勤務兵 | | | 5 | | 各 12 | 60 | 海外各加給 11 元 2 角 |
| 炊事兵 | | | 2 | | 各 14 | 28 | 海外加給 11 元 2 角 |
| 理髮匠 | | | 1 | | 14 | 14 | |
| 合計 | | | 共 35 | | 1,475 | 1,475 | |
| 麵食 | | | 共 27 | | | 270 | 每月按麵食費 10 元 |
| 海外加給費 | | | | | | 1,180 | |
| 公費 | | | | | | 200 | |
| 統計 | | | | | | 3,425 | |

## 軍政部海軍處駐滬辦事處代電據李景杭簽擬東沙島觀象臺編制表轉請核定示遵由

日期：民國 35 年 2 月 24 日（1946 年 2 月 24 日）

南京海軍處副處長周鈞鑒：

關於派員接收東沙島氣象臺一案，經飭本處附員李景杭籌備出發，並以丑馬巳務代電呈復在卷。茲據該員簽擬東沙島觀象臺編制表一份，理合隨電轉呈，伏乞迅賜核定示遵。

職魏濟民叩

丑敬午務

附件如文

東沙島觀象臺編制表（依據海軍部所頒定者）

| 職別 | 階級 | 薪餉 | 海外加給 | 員名數 |
|---|---|---|---|---|
| 臺長 | 中校 | | 照原薪加八成計算 | 1 |
| 技士 | 少校 | | | 2 |
| 臺員 | 上尉 | | | 5 |
| 軍需及書記官 | 上尉 | | | 1 |
| 軍醫 | 上尉 | | | 1 |
| 電機軍士長 | 少尉 | | | 1 |
| 電機副軍士長 | 准尉 | | | 1 |
| 帆纜上士 | | | | 4 |
| 輪機上士 | | | | 4 |
| 木工上士 | | | | 1 |
| 泥工上士 | | | | 1 |
| 鐵工上士 | | | | 1 |
| 輪機一等兵 | | | | |
| 衛兵 | | | | |
| 理髮 | | | | |
| 洗衣 | | | | |
| 炊事 | | | | |
| 合計 | | | | |

## 軍政部海軍處函

日期：民國 35 年 2 月 26 日（1946 年 2 月 26 日）

上海辦事處魏主任：

丑馬巳務代電悉。密。希飭附員李景杭剋日先行來京為盼。

海軍處
丑宥人業京

## 軍政部海軍處代電關於頒發東沙島氣象臺編制表並飭遵辦各節電希查照遵辦具報

日期：民國 35 年 3 月 4 日（1946 年 3 月 4 日）

上海辦事處魏主任：

丑敬午務代電及附件悉。並據該處所派附員李景杭來京面陳籌辦情形，茲核定如左：

（一）東沙島觀象臺編制表，茲經分別修正隨電頒發，以資遵守。

（二）該臺少校臺長一缺，暫派該附員李景杭充任，並責成籌備一切，呈由該處核定轉報。

（三）少校技正二缺，據李景杭保請以前海軍無線電畢業歷任電官臺長等職之伏孔夷，及有氣象學經驗之管春泉充補。應照准，著由李景杭率同前往該臺服務。

（四）該臺額設之臺員以下各員兵等，責成李景杭慎重遴選，呈由該處核定，仍將職各造冊連同官員履歷表（各送六份，連同二寸半身軍服戴帽相片二張）、新進人員保證書（各送一份）一併呈報核備。

（五）所有前往該臺應行備辦各項器材、糧食及所需開辦等費，並商由英方派艦專送該員兵等前往等項，著由該處統籌辦理，仍將經辦情形具報。

（六）該臺所有員兵等新俸、餉給均從出發之日起支。

以上各節，希即遵辦並轉飭遵照，為要。

海軍處

丑支人務京

計發東沙島觀象臺編制表一份

東沙島觀象臺編制表

| 職別 | 階級 | 任別 | 人數 | 備考 |
| --- | --- | --- | --- | --- |
| 臺長 | 少校 | 薦任 | 1 | |
| 技正 | 少校 | 薦任 | 2 | 一員專司電務、一員專司氣象 |
| 臺員 | 二等電信員 | 委任 | 5 | |
| 軍需兼書記 | 軍委二階 | 委任 | 1 | |
| 軍醫 | 一等軍醫佐 | 委任 | 1 | |
| 電機軍士長 | 少尉 | 委任 | 1 | |
| 帆纜上士 | 准尉 | | 2 | |
| 輪機上士 | | | 2 | |
| 輪機中士 | | | 1 | |
| 木工上士 | | | 1 | |
| 泥工上士 | | | 1 | |
| 鐵工上士 | | | 1 | |
| 輪機一等兵 | | | 4 | |
| 衛兵 | | | 6 | 一等兵待遇 |
| 理髮匠 | | | 1 | |
| 公役 | | | 2 | |
| 炊事兵 | | | 3 | |
| 總共 | 官佐<br>士兵 | | 11<br>24 | |

附記：

海外加給，照所支薪餉數目加兩倍發給，以到臺之日起支，離臺之日截止。

辦公應需文具、紙張及材料等，按其列單報領實物，不另給辦公等費。

員兵副食按現品定量，照市價發給實物。至主食則按規定數量發給食米或麵粉。

## 軍政部海軍處代電呈報東沙群島觀象臺編制表請轉呈核定由

日期：民國 35 年 3 月 8 日（1946 年 3 月 8 日）

部長陳、次長林鈞鑒：

案准外交部歐字第一七七二號代電開：「錄原代電。」等由。准此，查東沙群島觀象臺為航行安全起見，亟須早日恢復，經派本處駐滬辦事處附員李景杭籌備出發。茲據該員簽擬東沙群島觀象臺編制表一份，除飭該員迅速籌辦外，茲理合隨電轉呈，伏乞迅予核定示遵。

職周〇〇

寅齊海務編印

附東沙群島觀象臺編制表一份

## 軍政部海軍處代電東沙島氣象臺業已派員籌備

日期：民國 35 年 3 月 21 日（1946 年 3 月 21 日）

重慶國民政府外交部公鑒：

歐（35）（01772）號代電敬悉。查東沙島氣象臺業已派員籌備接收，一俟編組竣事即行電達，特電復請查照，為荷。

軍政部海軍處

寅海務編京英

電上海辦事處魏主任：

丑馬巳務代電悉。查前往接收東沙島氣象臺事辦理在案情形如何。該員辦理，請查照併催速核辦，電復。

周〇〇

寅海務編英

## 軍政部海軍處代電修正編制表擬本處抄存一份原件寄京

日期：民國 35 年 4 月 3 日（1946 年 4 月 3 日）

海軍處鑒：

寅齊海務字第一一二二號代電及附件均悉。所請照准；除分行外，抄同修正編制表，特電遵照。

陳誠

卅五卯冬部務三

附表

東沙島觀象臺編制表

| 職別 | 階級 | 任別 | 人數 | 備考 |
|---|---|---|---|---|
| 臺長 | 少校 | 薦任 | 1 | |
| 技正 | 少校 | 薦任 | 2 | 一員專司電務、一員專司氣象 |
| 臺員 | 二等電信員 | 委任 | 5 | |
| 軍需兼書記 | 軍委二階 | 委任 | 1 | |
| 軍醫 | 一等軍醫佐 | 委任 | 1 | |
| 電機軍士長 | 少尉 | 委任 | 1 | |
| 帆纜上士 | 准尉 | | 2 | |
| 輪機上士 | | | 2 | |
| 輪機中士 | | | 1 | |
| 木工上士 | | | 1 | |
| 泥工上士 | | | 1 | |
| 鐵工上士 | | | 1 | |
| 輪機一等兵 | | | 4 | |
| 衛兵 | | | 6 | 一等兵待遇 |
| 公役 | | | 2 | |
| 炊事兵 | | | 3 | |
| 總共 | 官佐<br>士兵 | | 11<br>23 | |

## 軍政部海軍處代電頒發東沙島觀象臺編制表令轉飭遵照由

日期：民國 35 年 4 月 12 日（1946 年 4 月 12 日）

上海辦事處魏主任：

寅馬海務編英電計達。案奉部長卯冬務三電開：「所請恢復冬沙搞觀象臺及所擬編制表一份均悉。應照准。除分行外，特電遵照。」等因；附表一份。奉此，茲將該臺編制二份隨電頒發，仰即轉頒遵照並飭派往該臺接收李景杭迅將辦理情形頃速具報，為要。

周○○

卯蒸海務編京四印

# 五　恢復東沙島海事設施（1947-1948）

原案單位：外交部歐洲司

典藏單位：國史館

## 英國大使館節略請撥還東沙島氣象報告站修理費事

日期：民國 36 年 4 月 3 日（1947 年 4 月 3 日）

NO. 59

1. His Britannic Majesty's Embassy present their compliments to the Ministry of Foreign Affairs and have the honour on instructions from His Majesty's Principal Secretary of State for Foreign Affairs to enlist the assistance of the Ministry in the following matter.
2. In his note No.110 of the 20th February 1946 Sir Horace Seymour informed His Excelleney Dr.Wang Shih-chieh that the Commander-in-Chief, British Pacific Fleet had readily consented to the request for British Naval Transport to assist in setting up the Meteorological Station at Pratas Island.
3. Arrangements were made accordingly and the Commander-in-chief not only transported personnel and material to the Island but also, from his own resources carried out certain essential repairs to the living quarters

and the fresh water distillery plant at the meteorological reporting centre at Praetas Island. This was done to facilitate the re-opening of the station before the beginning of the typhoon season, and the total expenditure incurred amounted to £402.

4. It is understood that the station was operated by the Chinese authorities before the Japanese occupation and it was handed back in June 1946 to the Chinese authorities by whom it is now operated. H.B.M. Embassy understand that the station is maintained primarily for the protection of the coasts of China and it is suggested that the Chinese Government might,in the circumstance, agree to refund the sum of £402. If necessary, further details of the expenditure incurred can be supplied.

5. His Britannic Majesty's Embassy would be grateful to learn in due cource what reply the Chinese Government would wish them to return to Mr. Bevin in this matter.

BRITISH EMBASSY
NANKING
3rd February, 1947

第五九號節略譯文

英國大使館茲向外交部致意，並聲述：「茲奉本國外交部長之命，略達外交部，請對下開一案，惠予協助。」

查薛穆爵士上年二月二十日，曾以第一一零號照達王部長謂：「英國太平洋艦隊總司令，慨允以英國海軍運輸艦協助在東沙島設立氣象臺事。」

英國太平洋艦隊總司令當即辦理。不僅將人員及材料運至該島，且出其自有資源，擇要修理東沙島上氣象報告站之住宅，及其淡水蒸餾廠。此向修理，以便在大風季節前，得恢復該臺之工作。總計所費，為四百零二鎊。

據悉，此氣象臺在日本占領以前，係由中國當局經辦。隨於一九四六年六月間交還中國當局，即現之辦理者。

大使館知此項氣象臺，原為保護中國海岸而設。擬請中國政府鑒此情形，同意撥還此四百零二鎊之數。如需該項支付詳情，容再檢送。

中國政府對貝文外長所提此事，如何致復。擬請惠予見告。相應略請查照辦理，為荷。

一九四七年二月三日

## 外交部代電英方請求撥還東沙島氣象臺住宅及淡水蒸餾廠修理費事請查核辦理見復

日期：民國 36 年 2 月 13 日（1947 年 2 月 13 日）

海軍總司令部公鑒：

准英國大使館節略稱：「茲奉英國外交部長之命，略達外交部請對下開一案，惠予協助。查上年二月念日薛穆爵士曾以第一一零號照達王部長謂，英太平洋艦隊總司令慨允以英海軍運輸艦協助在東沙島設立氣象臺。英太平洋艦隊總司令當即辦理，不僅將人員及材料運至該島，且出其自有資源，擇要修理東沙島上氣象報告站之住宅及其淡水蒸餾廠。此項修理，以便在大風季節前得恢復該臺工作，總計所費為四百零二鎊。據函，此氣象臺在日本占領以前，係由中國當局經辦，現又於一九四六年六月間交還中國當局辦理。該臺原為保護中國海岸而設。擬請中國政府鑒此情形，同意撥還此四百零二鎊之數，如需該項支付詳情，容再檢送。」等由。查東沙島氣象臺係由貴部經管接辦，特檢同英使館原節略副本一份，電請查核辦理見復，為荷。

外交部歐

## 外交部節略英方請求撥還東沙島氣象臺住宅及淡水蒸餾廠修理費事已轉主管當局核辦候復到再達

日期：民國 36 年 2 月 13 日（1947 年 2 月 13 日）

外交部茲向英國大使館致意並聲述，關於撥還東沙島氣象報告站之住宅及淡水蒸餾廠修理費事，大使館二月三日節略業經閱悉。除轉請主管當局核辦，俟復到再達外，特先略復，即請查照，為荷。

## 海軍總司令部代電為復請抄擲與英方接洽修理東沙島氣象臺廠屋案憑辦由

日期：民國 36 年 2 月 26 日（1947 年 2 月 26 日）

外交部公鑒：

歐 36 字第 03001 號代電敬悉。關於英方修理東沙島氣象臺、廠、屋一節，本部無案可稽，特飭據該臺臺長李景杭復稱：「由英方修理屬實，但料款及如何得我政府之許可，則以到島較遲不得詳知。」等語。查此事既經英方與貴部接洽有案。相應復請查照，並請將發案抄擲憑辦，為荷。

海軍總司令部
卅六騰纓丑宥

## 外交部代電英方請求撥還東沙島氣象臺修理費事電請查案迅復由

日期：民國 36 年 3 月 5 日（1947 年 3 月 5 日）

海軍總司令部公鑒：

關於英方請求撥還東沙島氣象臺各項修理費事，貴部騰纓丑宥第四二二九號代電誦悉。查海軍接管東沙島氣象臺由英艦運送臺員，及配備物資一節，迭經前軍政部海軍處電復有案。相應抄錄有關文件之日期、號數，電請查案迅予核辦見復，為荷。

外交部歐

附件

東沙島氣象臺案有關文件

軍政部海軍部致外交部代電

三十五年三月海京發字第二零七一號

軍政部海軍部致外交部代電

三十五年三月海京發字第二二五一號

外交部致軍政部海軍處代電

三十五年五月二日歐字第五十一號

軍政部海軍處致外交部代電

三十五年五月七日海京發字第三八三三號

## 海軍總司令部快郵代電關於英方修理東沙島氣象臺廠屋請撥還料款事

日期：民國 36 年 3 月 13 日（1947 年 3 月 13 日）

外交部公鑒：

歐 36 字第 04520 號代電敬悉。關於英方修理東沙島氣象臺廠、屋請撥還料款四百零二英鎊一節，除電呈國防部請發款，並申請結購外匯，電請查照辦理，為荷。

海軍總司令部

36 猛孰炎寅元

## 外交部節略英方請求撥還東沙島氣象臺修理費事准海軍總司令部電已呈請國防部發款略請查照由

日期：民國 36 年 3 月 19 日（1947 年 3 月 19 日）

外交部茲向英國大使館致意並聲述：關於英方請求撥還東沙島氣象臺修理費事，准海軍總司令部復稱：「該項料款四百零二英鎊已電呈國防部發款，並申請結購外匯，一俟奉准當即撥還。」等由；相應略達，即希查照，為荷。

## 英國大使館節略詢關於撥還東沙島氣象臺修理費主管當局是否核准請查明見復由

日期：民國 36 年 6 月 30 日（1947 年 6 月 30 日）

NO. 338

His Britannic Majesty's Embassy present their compliments to the Ministry of Foreign Affairs and have the honour with reference to the Ministry's memorandum NO. Ou 36/5633 of the 18th March regarding station on Pratas Island, to enquire, on instructions from His Majesty's Principal Secretary of State for Foreign Affairs, how this matter now stands, and whether the Naval Headquarter's request for an appropriation of £402 has been approved by the competent authorities.

BRITISH EMBASSY
NANKING
30rd June, 1947

第三三八號節略譯文

英國大使館茲向外交部致意，並聲述：關於請求撥還東沙島氣象臺修理費事，曾准外交部三月十八日歐 36 第六三三號略復在卷。茲奉英國外交部長之命，略詢此事現在辦理情形如何。並詢海軍總司令部所請核撥之英金 402 鎊，主管當局是否業已核准。合即略請查明見復，為荷。

一九四七年六月三十日

## 外交部節略關於撥還英方修理東沙島氣象臺廠屋料款 402 英鎊事已再確詢海軍總司令部一俟獲覆即行略達由

日期：民國 36 年 7 月 11 日（1947 年 7 月 11 日）

外交部茲向英國大使館致意，並聲述：關於撥還東沙島氣象臺修理費，主管當局是否核辦，請查照見復事，大使館六月卅日第 338 號節略業經閱悉。外交部除續催海軍總司令部，一俟獲覆再行略達外。相應先行略覆查照，為荷。

## 外交部代電關於撥還英方修理東沙島氣象臺廠屋料款 402 英鎊事請查照辦理情形及該款已否經主管當局核准請見復由

日期：民國 36 年 7 月 11 日（1947 年 7 月 11 日）

海軍總司令部公鑒：

關於撥還英方修理東沙島氣象臺廠屋料款四零二英鎊事，（36）寅元猛孰字第5495 號誦悉。經即於三月十九日略達英國大使館去後，茲續准該館六月卅日節略稱：「茲奉英國外交部長之命，略詢本案辦理情形及海軍總司令部所請核撥英金四零二鎊，主管當局是否業已核准。」等由；特電請送予查照見復，為荷。

外交部歐

## 海軍總司令部快郵代電英方墊付修理東沙臺房屋料費一案經過情形電請查照辦理由

日期：民國 36 年 7 月 28 日（1947 年 7 月 28 日）

外交部公鑒：

歐卅六字第一四四九九號代電敬悉。關於英方修理東沙島氣象臺房屋墊付料款肆百零貳英鎊一案，曾奉國防部辰儉代電：「外匯已由部轉請結購，俟奉復再行電知。」等因在案。查前項外匯尚未奉到核准文件，除再電呈國防部轉請早日核准外，電復查照海軍總司令部。

卅六猛孰四午儉

## 外交部便箋關於撥還英方修理東沙島氣象臺費用事

日期：民國 36 年 7 月 31 日（1947 年 7 月 31 日）

關於撥還英方修理東沙島氣象臺費用事，既准海軍總司令部稱該項外匯，已再呈請國防部轉請迅予核准結構，擬稍緩再催該部，俟正式核准結構後，再行答覆英方。此件暫存。

07.31

## 英國駐華大使館函關於請求撥還東沙島氣象臺修理費事

日期：民國 36 年 9 月 2 日（1947 年 9 月 2 日）

逕啟者：

關於請求撥還東沙島氣象臺修理費事，本大使館六月三十日第三三八號節略：「業准貴部七月十一日略復，已續催海軍總司令部。」等由在卷。查此事歷時甚久，現在主管當局已否將所需外匯核准照辦。相應函請查照惠予查示，為荷。

此致

外交部歐洲司

英國大使館啟

09.02

## 外交部駐廣東廣西特派員公署香港辦事處呈為 PRATAS W/T STATION 發出信號請寄發狄賽爾新機一架以資補替事已照轉海軍方面辦理報請鑒詧由

日期：民國 36 年 9 月 10 日（1947 年 9 月 10 日）

外交部部次長鈞鑒：

茲接香港海軍當局來函略以：「頃接PRATAS W/T STATION（東沙島氣象臺）之信號，謂：『因連續使用致「狄賽爾」機一架廢壞，請寄新機一架，以資補替』等語，特達查照。」等由。除照轉海軍第四補給總站，並抄告海軍總司令部查照辦理外，理合抄同原函隨電呈報，敬請詧核，為禱。

駐廣東廣西特派員郭德華叩

申灰印

附呈抄函乙件

## 外交部代電為撥還英方修理東沙島氣象臺費用事續准英大使館催詢特電請迅予催辦由

日期：民國 36 年 9 月 11 日（1947 年 9 月 11 日）

海軍總司令部公鑒：

關於撥還英方修理東沙島氣象臺費用事，續准英國大使館來函，以「此事歷時甚久，主管當局是否已將所需外匯核准照撥，請予催詢」等由。查本案前准貴部七月廿八日猛孰四字第一八二九三號代電，略：「已再電呈國防部轉請早日核准結購。」等由。現該項外匯是否已奉准結妥，英大使館今一再催詢，此款似宜即予撥還。相應電請查照迅予催辦，並見復，為荷。

外交部歐

## 外交部函東沙島氣象臺之狄賽爾機一架損壞亟須添補以利航行請轉洽海軍總司令部核辦見復由

日期：民國 36 年 9 月 26 日（1947 年 9 月 26 日）

案據駐廣東廣西特派員電稱：「茲接香港海軍當局來函。略以頃接 PRATAS W/T STATION 之信號謂，「狄賽爾」機一架因連續使用致廢壞，請寄新機一架，以資補替等語，特達查照，等由。除照轉海軍第四補給總站，並抄請海軍總司令部查照辦理外，理合呈報敬請督核。」等情。查該氣象臺發電機損壞，對於航行船隻似有影響，應否購置新機，以資補替；相應檢附香港海軍當局原函，函請貴部轉洽海軍總司令部核辦見復，為荷。

此致

財政部

附香港海軍當局函抄件

## 英國駐華大使館函關於撥還東沙島氣象臺修理費事

日期：民國 36 年 10 月 14 日（1947 年 10 月 14 日）

逕啟者：

關於所請撥還東沙島氣象臺修理費事，前准貴部七月十一日歐 36 第一四四九九號略復：「業經續催海軍總司令部。」等由在卷。現在時逾三月，主管當局對貴司惠再催詢，並見復，為荷。

此致

外交部歐洲司

英國大使館啟

十月十四日

## 外交部代電關於撥還英方東沙島氣象臺修理費事續准英大使館函詢特電請迅予核辦見復由

日期：民國 36 年 10 月 28 日（1947 年 10 月 28 日）

海軍總司令公鑒：

關於撥還英方修理東沙島氣象臺費用事，本年九月十一日歐 36 字第一八八九五號代電計達。茲續准應大使館來函催詢，相應再行電請查照，迅予辦理見復，以憑轉達，為荷。

外交部歐

## 英國駐華大使館函關於撥還東沙島氣象臺修理費事

日期：民國 36 年 11 月 6 日（1947 年 11 月 6 日）

逕啟者：

關於請求撥還東沙島氣象臺修理費事，本館前後於九月二日，及十月十四日分函貴司查訊，在卷。茲奉英國外交部訓令，以此事辦理情形如何，飭即轉催具報，等因。相應函請貴司惠再催詢，並即見復，為荷。

此致

外交部歐洲司

英國大使館啟

十一月六日

## 外交部便箋東沙島氣象臺狄塞爾機一架有損壞情形海軍司令部已予辦理

日期：民國 36 年 11 月 10 日（1947 年 11 月 10 日）

查本案係駐粵桂特派員公署據香港方面所報情報：「東沙島氣象臺「狄塞爾」機一架有損壞情形，應補送新機一架，以資替候。」等情。茲經轉准財政部覆稱海軍司令部已予辦理。本件擬存卷。

尹明

11.10

## 外交部代電關於東沙島氣象臺修理費事英方續催迅予撥還特電請催辦見復由

日期：民國 36 年 11 月 17 日（1947 年 11 月 17 日）

海軍總司令公鑒：

關於撥還英方修理東沙島氣象臺費用一案，本年十月廿八日歐字第二二九零八號代電計達。茲續准英國大使館函，以「奉英國外交部訓令，飭將本案辦理結果具報，特懇轉催主管機關迅予撥還」等由。查本案歷時甚久，英方迭次催詢，似以早日予以清結。相應再行電請查照，迅予催辦見復，以憑轉達英方，為荷。

外交部歐

## 外交部函關於東沙島氣象臺修理費事已催請主管機關迅予辦理由

日期：民國 36 年 11 月 17 日（1947 年 11 月 17 日）

關於東沙島氣象臺修理費事，貴大使館本年九月二日、十月十四日及十一月六日函均經閱悉。本部已再催主管機關迅予辦理，除俟復到續達外；相應另行函復查照，為荷。

此致

英國大使館

外交部歐洲司

## 財政部代電關於東沙島氣象臺之狄賽爾機一案抄同海軍總部復電一件請查照由

日期：民國 36 年 11 月 1 日（1947 年 11 月 1 日）

外交部公鑒：

前准貴部九月廿六日歐 36 字第二零四零八號函以：「據報東沙島氣象臺之狄爾賽機一架經已損壞；檢附香港海軍當局來函一件，囑轉洽海軍總司令部核辦見復」等由。茲經電復海軍總司令部十月二十三日代電復稱：「已將本案辦理情形函復外交部。」等由；相應檢同海軍總司令部附電一件，電復即希查照，為荷。

財政部財關政東印

附抄海軍總司令部復電一件

**抄海軍總司令部原代電**

財政部公鑒：

財關政字第 36234 號齊代電暨附件均敬悉。關於東沙島氣象臺狄賽爾機損壞一節，本部業經據報，經飭查報損壞程度及為何估修去後，茲據復稱：「各情實有調換新機必要。」除由上海購買新機迅運該島使用，並逕復外交部外；相應函復，請查照，為荷。

海軍總司令部

卅六𩐰驅振堅酉梗

## 海軍總司令部代電為東沙島氣象臺油機損壞一案電復查照由

日期：民國 36 年 10 月 23 日（1947 年 10 月 23 日）

外交部公鑒：

准財政部十月八日財關政字第三六二三四號代電：「已准外交部九月廿六日函，關於東沙島氣象臺狄賽爾機損壞一案，請查照辦理，並逕復外交部。」等由。除飭由上海購買新機，迅運該島使用，並飭將損壞之油機交便船，運本部工廠修整用暨電復財政部外；相應電請查照，為荷。

海軍總司令部

卅六犛驅振堅酉梗

## 外交部函為東沙島氣象臺修理費應撥匯何地何人查照事函請查明見復由

日期：民國 36 年 11 月 21 日（1947 年 11 月 21 日）

關於東沙島氣象臺修理費用事，本年十一月十七日司字第三六三號函計達。茲准主管機關復稱：「撥還英方上項費用前經呈奉行政院准予結購外匯在案。上月曾派員赴滬向中央銀行洽購，因手續不全未能結購，當再呈請轉飭核結。惟該款應撥匯何地、何人查收，希轉詢見告。」等由；相應函請查照，希予查明見復，為荷。

此致

英國大使館

## 海軍總司令部快郵代電為英方墊付東沙島氣象臺條費一案該款應撥匯何地何人查收請查明見復由

日期：民國 36 年 11 月 23 日（1947 年 11 月 23 日）

外交部公鑒：

歐（卅六）第一八八九五、二二九零八號兩代電均敬悉。查英方墊付東沙島氣象臺修理費一案，其外匯前經呈奉行政院准予結購有案。上月派員赴滬向中央銀行洽購，因本案尚未經中央銀行總裁批准，不能結購，當經再呈國防部轉請飭准結購在案。惟該款應撥匯何地、何人查收；相應函請查照，惠予查明見復，俾便匯付，為荷。

海軍總司令部
卅六戌 23
康獻德

## 海軍總司令部快郵代電為英方墊付東沙氣象臺修費款項應撥匯何地何人查收復請查明見復由

日期：民國 36 年 11 月 29 日（1947 年 11 月 29 日）

外交部公鑒：

歐 36 字第二四五三四號代電敬悉。查英方墊付東沙島氣象臺修理費四零二英鎊一案，其外匯經呈奉行政院准予結購前派員赴滬向中央銀行洽購，因本案尚未經中央銀行總裁批准，不能結購。當經在呈國防部，轉請飭准結購。業經本部戌巧卅六康獻字第三零五三三號代電，復請貴部查照，並請查明該款應撥匯何地、何人查收見復各在案。准電前由，相應電復查照，即請查明見復，為荷。

海軍總司令部
卅六戌艷
康獻德

## 英國大使館節略關於東沙島氣象臺修理費用事

日期：民國 36 年 12 月 8 日（1947 年 12 月 8 日）

NO. 655

His Britannic Majesty's Embassy present their compliments to the Ministry of Foreign Affairs and with reference to the Ministry's memorandum No. Ssu 375 of the November 24th requesting to be informed of the most practicable method of remitting a sum of money to the competent British authorities in respect of repairs done to the meteorological station on Pratas Island have the honour to state that it would be appreciated if a Draft for the required sum might be made out to the Paymaster General and forwarded to this Embassy for transmission to London.

BRITISH EMBASSY
NANKING
8th December, 1947

第六五五號節略譯文

英國大使館茲向外交部致意，並聲述：關於東沙島氣象臺修理費用事，接准外交部歐洲司十一月二十四日司字第三七五號箋函：「為撥匯應方主管當局款項之最適用辦法，囑為查明見告。」等由。業已送悉。茲查該款請開具 Paymaster General 抬頭之匯票，送由大使館轉致倫敦。合即略請查照轉達，為荷。

一九四七年十二月八日

## 海軍總司令部代電為東沙島氣象臺修理費應匯何人事准應大使館查復特電請查照辦理由

日期：民國 36 年 12 月 20 日（1947 年 12 月 20 日）

海軍總司令部公鑒：

關於撥還英方修理東沙島氣象臺費用事，本年十一月廿九日（卅六）猛獻字第三二二三四號代電敬悉。茲據准英國大使館查復稱，該款請開具 Paymaster General 抬頭之匯票，送由大使館轉致倫敦，等由。相應檢附應大使館節略附本，電請查照辦理，為荷。

外交部歐

## 英國駐華大使館函關於請償付東沙島氣象臺修理費用事

日期：民國 37 年 1 月 20 日（1948 年 1 月 20 日）

逕啟者：

關於請償付東沙島氣象臺修理費用事，經於上年十二月八日已第六五五號略請貴部查照轉達在卷。查所請開具匯票一層，現查照惠予催詢並見復，為荷。

此致

外交部歐洲司

英國大使館啟

一月二十日

## 海軍總司令部代電送上英方代修東島氣象臺費四零二鎊匯票一張請轉送給據

日期：民國 37 年 1 月 22 日（1948 年 1 月 22 日）

受文者：外交部部長

一、卅六年十二月廿日歐字第 27315 號代電敬悉。

二、東沙島氣象臺修建費四零二英鎊已向中央銀行結購，茲開具英國大使館抬頭匯票壹紙，隨電送請轉送英國大使館，轉交給據以便報銷，並請見復。

代總司令桂永清

## 外交部代電關於東沙島氣象臺修理費用事希迅撥還英方由

日期：民國 37 年 1 月 26 日（1948 年 1 月 26 日）

海軍總司令部公鑒：

關於東沙島氣象臺修理費用事，卅六年十二月廿日歐 36 字第二七三一五號代電計達。茲續准英國大使館來略催詢。相應電請查照辦理，並迅予見復，為荷。

外交部歐

## 外交部節略檢附代修東沙島氣象臺費用四零二英鎊匯票一紙略請查照由

日期：民國 37 年 2 月 5 日（1948 年 2 月 5 日）

外交部茲向英國大使館致意，並聲述：關於東沙島氣象臺修理費事。大使館卅六年十二月八日第六五五號節略，業經誦悉。茲准主管機關復稱：「東沙島氣象臺修建費四零二英鎊等向中央銀行結購，並開具英國大使國抬頭匯票壹紙，隨電送請轉送英國大使館轉交給據，以便報銷並請見復。」等由。相應檢附匯票一紙，略請查照並希見復，為荷。

## 英國大使館節略復收到仰送東沙島氣象臺修理費一紙由

日期：民國 37 年 2 月 10 日（1948 年 2 月 10 日）

NO. 70

His Britannic Majesty's Embassy present their compliments to the Ministry of Foreign Affairs and have the honour to acknowledge with thanks the receipt of the Ministry's memorandum NO. Wai (37) Ou I 02890 of the 5th Feburary, with which the Ministry were so good so to tranamit a draft for £402 in payment for the repairs done to the meteorological station on Pratas Island. The draft is at once being transmitted to the authorities concerned.

BRITISH EMBASSY

NANKING

10th February, 1948

第七十號節略譯文

英國大使館茲向外交部致意，並聲述：接准外交部二月五日外（37）歐一第二八九零號略送東沙島氣象臺修理費英金四零二鎊匯票一紙，至紉公感。除將原匯票即行轉送有關當局查收外，相應復請查照，為荷。

一九四八年二月十日

## 外交部函准英大使館略稱東沙島氣象臺修理費英金四零二鎊匯票一紙收到等由相應函請查照由

日期：民國 37 年 2 月 20 日（1948 年 2 月 20 日）

關於東沙島氣象臺費用事，本年二月五日外（卅七）歐一字第零二八九一號公函計達。茲准英國大使館略稱：「外交部略送之東沙島氣象臺修理費，英金四零二鎊、匯票一紙業已收到，至紉公感。除將原匯票即行轉送有關當局查收外，相應復請查照。」等由。相應檢附英大使館原節略英文副本一份，函請查照，為荷。

此致

海軍總司令部

附一件

民國史料 51

# 民國時期南海主權爭議：海事建設（二）

South China Sea Territorial Disputes in Republican China: Marine Construction, Section II

主　　編　許峰源
總 編 輯　陳新林、呂芳上
執行編輯　林弘毅
美術編輯　溫心忻
封面設計　溫心忻
文字編輯　周致帆

出　　版　開源書局出版有限公司
香港金鐘夏慤道 18 號海富中心
1 座 26 樓 06 室
TEL：+852-35860995

民國歷史文化學社有限公司
10646 台北市大安區羅斯福路三段
37 號 7 樓之 1
TEL：+886-2-2369-6912
FAX：+886-2-2369-6990

http://www.rchcs.com.tw

初版一刷　2021 年 4 月 30 日
定　　價　新台幣 400 元
港　幣 105 元
美　元　15 元
I S B N　978-986-5578-18-3
印　　刷　長達印刷有限公司
台北市西園路二段 50 巷 4 弄 21 號
TEL：+886-2-2304-0488



國家圖書館出版品預行編目 (CIP) 資料
民國時期南海主權爭議：海事建設 = South China sea territorial disputes in Republican China : marine construction/ 許峰源主編 .-- 初版 .-- 臺北市：民國歷史文化學社有限公司，2021.04

冊；　公分 .--（民國史料；50-51）

ISBN 978-986-5578-17-6（第 1 冊：平裝）.--
ISBN 978-986-5578-18-3（第 2 冊：平裝）

1. 民國史　2. 南海問題

628　　110004575